Damals in Australien

Diese Aufzeichnungen widme ich Norbert.

ELISABETH HEYSSLER

Damals in Australien

Retrospektive nach über drei Jahrzehnten

Bibliografische Information der Deutschen Nationalbibliothek:
Die Deutsche Nationalbibliothek verzeichnet diese Publikation
in der Deutschen Nationalbibliografie; detaillierte bibliografische
Daten sind im Internet über http://dnb.dnb.de abrufbar.

© 2017 Elisabeth Heyssler
Satz, Umschlaggestaltung, Herstellung und Verlag:
BoD – Books on Demand
ISBN: 978-3-7448-6093-2

Inhalt

Vorwort

Im März 2016 habe ich mein aktives Berufsleben beendet. Nun galt es, die Tage neu zu strukturieren. Das stellt man sich mitunter leichter vor, als es tatsächlich ist. Nach meiner persönlichen Erfahrung legt man nicht einfach einen Schalter um und wechselt in einen vermeintlichen »Genießer-Modus«.

Auf der Suche nach einer sinnvollen Beschäftigung verspürte ich eines Tages das dringende Bedürfnis, etwas zu tun, was mir Spaß bereiten würde und wozu ich stressfrei auch in der Lage war. Kurzentschlossen griff ich zu Notizbuch und Stift mit dem Plan, einfach alles aufzuschreiben, was mir ganz spontan in den Sinn kommt. An Themen sollte es, objektiv betrachtet, keinen Mangel geben, doch ich wollte völlig intuitiv vorgehen. So war ich mehr als überrascht, als plötzlich vor meinem geistigen Auge meine »Wahlstation« in Australien aufblitzte. Diese hatte ich von Oktober 1984 bis Februar 1985 in Sydney an der German-Australian Chamber of Industry and Commerce absolviert.

Im Rahmen des Referendariats und nach Abschluss des schriftlichen Teils der Zweiten Juristischen Staatsprüfung hatte man die Möglichkeit, Auslandserfahrungen in einem persönlich ausgewählten Land zu sammeln. Diese Chance wollte ich keinesfalls verpassen, zumal ich erleben und spüren wollte, wie es ist, Fremde in einem unbekannten Land zu sein.

Mein Wunschziel war Australien. Absolut unerfahren, jedoch voller Neugier, begab ich mich auf eine Reise, die mich nachhaltig prägen sollte. Einige Episoden möchte ich in diesem Büchlein wiedergeben. Beim Niederschreiben der Geschichten, die mir unmittelbar in die Feder flossen, habe ich so manches nachempfunden, als hätte es sich gestern zugetragen.

Wunschtraum

Ende Oktober 1984, ca. fünf Wochen nach Beendigung des schriftlichen Teils meines Zweiten Juristischen Staatsexamens, brach ich in Richtung Sydney auf. Dafür sprachen damals folgende Gründe:

- Auf keinen Fall wollte ich bis zur Bekanntgabe des Ergebnisses in München bleiben, um mich nach all dem Prüfungsstress alsbald gleich wieder in die Vorbereitung auf den mündlichen Teil zu stürzen, der ohnehin nur im Falle des bestandenen schriftlichen Parts in Betracht kam. Meine diesbezüglichen Erfahrungen beim Ersten Staatsexamen hatten mich nachhaltig eines Besseren belehrt.
- Auch wollte ich am eigenen Leib erleben, wie es ist, Ausländer in der Fremde zu sein – getreu Karl Valentins Erkenntnis: »Der Fremde ist fremd nur in der Fremde.«
- Motiviert hat mich außerdem die Vorstellung, das »andere Ende der Welt« ein wenig kennenzulernen. Schließlich galt es, ca. 16.000 Kilometer zurückzulegen und vom Herbst in den Frühling überzusetzen.
- Und dann war da noch das Great Barrier Reef – einmal im Leben wollte ich es mit eigenen Augen gesehen haben.

Um eine Stelle im Ausland musste sich jeder daran interessierte Referendar selber kümmern. Die Referendarsbetreuung hatte mich in diesem Zusammenhang zunächst an die IHK vor Ort verwiesen. Die Auskunft, die ich dort erhielt, empfand ich auf den ersten Blick als wenig zufriedenstellend und aufbauend. Verbunden mit dem Hinweis, ich möge mir keine allzu großen Hoffnungen machen, da Sydney als Wahlstation sehr gefragt sei, war lediglich die Bekanntgabe der Adresse der German-Australian Chamber of Industry and Commerce. Diese sollte ich in einem nächsten Schritt direkt kontaktieren.

Mit gedämpftem Enthusiasmus, jedoch weiterhin wild entschlossen, mein Ziel zu verfolgen, richtete ich also meine Bewerbung unmittelbar dorthin. Und siehe da: Nach nur zehn Tagen gespannten Wartens erhielt ich doch tatsächlich das erste Aerogramm meines Lebens mit einer Zusage. Ein Referendar, dem man einen Platz zugeordnet hatte, hatte kurzfristig abgesagt, und ich kam zum Zug. Glück gehabt!

Während des Aufenthalts im Land der Wahl bezogen die Referendare neben dem regulären Referendarsgehalt noch einen Kaufkraftausgleich; eine Entlohnung seitens der aufnehmenden Kanzlei, Kammer, Anwaltsfirma o. Ä. war nicht vorgesehen. Die Finanzen waren insofern recht überschaubar.

Aus diesem Grund hatte ich mich für die indonesische Airline »Garuda« entschieden, denn dort kosteten Hin- und Rückflug »nur« ungefähr 3.600 DM. Nach insgesamt sechs Zwischenstopps, u. a. in Abu Dhabi, Jakarta, Singapur und Melbourne (die anderen habe ich vergessen), landeten wir nach etwa 32 Stunden auf dem Flughafen in Sydney. Total übermüdet erstand ich noch – wie von der australischen Kammer angeraten – eine Zeitung mit Wohnungsangeboten, denn um eine Unterkunft musste ich mich selbst bemühen, dann schwang ich mich ins Taxi. Es sollte mich als erste Anlaufstelle zu einer Pension bringen, die mir als Hilfestellung ebenfalls von meinem neuen Arbeitgeber empfohlen worden war.

Der Taxifahrer, ein immigrierter Grieche, wusste sofort, was los war: Auf der Fahrt zur Zieladresse, der besagten Pension, erklärte er mir in epischer Breite und mit gebührender Dramatik, wie gefährlich das Leben in Sydney sei. So gebe es vor allem Alkoholiker, Drogenabhängige und Ganoven, die einen über den Tisch zu ziehen versuchten. Er allerdings habe »zufällig« ein freies Zimmer in seinem Haus, das ich sofort beziehen könne, zu einem – aus seiner Sicht – fairen Preis. Das war nun genau der Empfang, den ich mir erträumt hatte.

Jedenfalls machte ich ihm unmissverständlich klar, ich wolle erst einmal in die genannte Pension gebracht werden. Davon war der Taxifahrer nicht sonderlich begeistert. Für alle Fälle überreichte er mir trotzdem seine Visitenkarte.

Die nächste Irritation erwartete mich an der Rezeption meiner neuen Unterkunft. Dort eröffnete man mir, dass ich wählen könne zwischen drei verschiedenen Stockwerken: einem nur für Frauen, einem anderen nur für Männer und einem dritten für beide Geschlechter. Da mir die »gemischte« Etage als die vernünftigste Wahl erschien, entschied ich mich für diese und bezog ein passables Zimmer. Allerdings musste ich mich erst einmal daran gewöhnen, dass die Zimmertür einen schmalen Spalt über dem Boden aussparte, durch den in der Nacht das Flurlicht fiel, und dass Gäste, für die sich Besucher am Empfang gemeldet hatten, über einen Lautsprecher durchs ganze Haus ausgerufen wurden. Doch nach der langen Anreise war ich einfach nur froh, ein Bett in einer annehmbaren Umgebung ergattert zu haben. Todmüde und erschöpft fiel ich in den Schlaf.

Nach der ersten Nacht – ich war an einem Freitag angekommen – unternahm ich, noch ziemlich gerädert, einen kleinen Erkundungsrundgang in der Stadt. Für mich, die ich über so gut wie keinen Orientierungssinn verfüge, war das eine Herausforderung. Das Viertel, in dem ich mich befand, war nicht das, was ich mir erwartet hatte: Die Straßen waren schmutzig, die Häuser teilweise ganz schön heruntergekommen, die Gebäude erschienen mir, in dieser Ansammlung, ungewöhnlich hoch und der Verkehr laut und anstrengend. Letzteres insbesondere deshalb, weil ich mir einprägen musste, vor dem Überqueren einer Straße erst nach rechts und dann nach links zu blicken.

In Anbetracht dieser Verhältnisse fasste ich bereits am Sonntag den festen Entschluss, gleich am Montag ein Reisebüro aufzusuchen, um meinen Rückflug umzubuchen. Ursprünglich wollte ich an diese dreimonatige Ausbildungsstation noch zwei Wochen dranhängen, um Urlaub zu machen und das Riff zu besuchen. Nach meinen Eindrücken der ersten 48 Stunden erschien es mir hingegen ratsamer, möglichst keinen Tag länger zu bleiben als unbedingt nötig.

Mein Ankunftswochenende hatte ich mit zwiespältigen Gefühlen hinter mich gebracht und am Montag wurde ich in der Kammer vorstellig. Im Anschluss an die vielzitierte Aufwärmphase und das obligatorische Sich-Bekannt-Machen wurde ich gefragt, ob ich denn schon eine Bleibe gefunden hätte. (Wie denn, in der kurzen Zeit?) Als ich verneinte, teilte mir Gila, eine Art Büroleiterin und die gute Fee in Sachen Organisation, mit, dass der Referendar, der seine Bewerbung – zu meinem großen Glück – zurückgezogen hatte, bei einem Paar in Balmain hätte wohnen können. Da diese Unterkunft vorerst noch nicht anderweitig vergeben war, könne ich sie mir unverbindlich ansehen und entscheiden, ob das was für mich wäre.

Also begab ich mich zu einem Reihenhäuschen in Balmain, das den Hausleuten Eva und Chris gehörte. Und was soll ich sagen? Gleich am darauffolgenden Dienstag zog ich ein. Mat aus Bonn, ein weiterer Referendar in der Kammer, residierte auch dort. Eines meiner größten Probleme war damit gelöst und es begann eine denkwürdige Phase meines Lebens, mit der ich vorwiegend angenehme, mich persönlich bereichernde und für meine weitere Entwicklung ganz wesentliche Erlebnisse, Eindrücke und Erfahrungen verbinde.

Schon der Standort meiner neuen Bleibe war ein Volltreffer, denn der Vorort Balmain liegt in einer der zahllosen Buchten und die Infrastruktur war schon zur damaligen Zeit perfekt: Man konnte nicht nur das Auto oder den Bus nehmen, um in die quirlige City zu gelangen, darüber hinaus konnte man die

Fähre benutzen, als Teil des öffentlichen Nahverkehrs. Der Transport auf dem Wasserweg erhielt insbesondere dadurch seinen besonderen Reiz, dass man stets unter der imposanten Harbour Bridge hindurch tuckerte. Bereits an Bord setzte die Erholungsphase nach dem Alltagsstress ein.

Für das Entertainment war in Balmain auch gesorgt, denn eine Jazzkneipe, ein Hotel mit Varieté und so eine Art Club namens »Beatty Street« (oder so ähnlich) mit jeweils super Livemusik waren in wenigen Gehminuten zu erreichen. Mein Mitbewohner Mat und ich waren diverse Male in einem dieser Etablissements zu Gast, um die dringend erforderliche Zerstreuung zu finden. Wenn im »Beatty Street« mit drei Fideln Ravels »Bolero« mit der Band »Hattrick« zur Aufführung kam, flippte die komplette Zuhörerschaft regelrecht aus – auch Mat und ich. Steuerten wir hingegen eine Show im Varieté-Hotel an, fungierte ich als eine Art von Begleitschutz für Mat, denn es verkehrten dort in erster Linie schwule Männer.

Als Teil einer hart arbeitenden Bevölkerung hatten wir schnell verinnerlicht, dass man nur in den seltensten Fällen nach Dienstschluss auf direktem Weg vom Büro nach Hause ging. Vielmehr steuerte man erst mal mit Kollegen ein Pub oder Ähnliches an, um das eine oder andere – manchmal auch mehrere – Foster's oder Lager zu genießen, aus der Flasche oder vom Fass. Diese Gepflogenheit hatte mir ein persönliches Souvenir von sechs Kilo Gewichtszunahme beschert, die mit Sicherheit nicht vom Essen herrührten. Aber dazu später mehr.

An das Leben in Down Under konnte ich mich recht gut anpassen, und nach dem ersten richtig intensiven Sonnenbrand wurde ich vorsichtiger und mir war bewusst, dass man die UV-Strahlung bei trübem Wetter keineswegs unterschätzen sollte. Von Eva hatte ich gelernt, sich immer wieder mit (notfalls auch Speise-)Öl einzuschmieren, bis die Haut es nicht mehr aufnahm. Als es mich wirklich erwischt hatte und Eva mich fachmännisch kurierte, war ich bass erstaunt, welche Mengen an Öl die Haut aufzunehmen imstande war, wenn sie »gereizt« wurde: Alle fünf bis zehn Minuten galt es, die Anwendung zu wiederholen. Diese Erfahrung und Evas eindringliche Ermahnungen hatten mich schnell geheilt und vor weiteren Schädigungen durch das intensive Sonnenlicht bewahrt.

Eine kleine Herausforderung stellte die Eröffnung eines Girokontos dar. Doch dank eines geduldigen, verständnisvollen Schalterbeamten gelang auch diese Aktion. Das Gefühl, die Finanzen geregelt zu haben und jederzeit an Geld zu kommen, beruhigte mich sehr.

Irgendwie hatte ich lange Zeit den Eindruck gehabt, in meiner vorübergehenden Wahlheimat würden sich alle Sorgen und Probleme, sofern überhaupt vorhanden, in Luft auflösen. Mit der Zeit und einer gewissen Routine in Bezug auf tägliche Abläufe erachtete ich es jedoch als erforderlich, dieses Bild ein wenig zurechtzurücken. Auch am anderen Ende der Welt, so mein Fazit, dreht sich letztendlich alles um Beziehungen, Job und Geldangelegenheiten. Die nach außen hin demonstrierte Lässigkeit, Unbeschwertheit und Freundlichkeit der Aussies entbehren nicht einer Portion Oberflächlichkeit und sind häufig nur eine schützende Fassade, hinter welcher manches dann doch ganz anders aussieht – fast wie im »richtigen« Leben.

Insbesondere diese Erkenntnis war äußerst heilsam für mich, zumal ich ja dazu neige, mir meine gedanklichen »Anscheinsgebäude« zu errichten, die es nur in meiner Fantasie gibt und die in der Regel fernab der Realität liegen.

Was meinen Ausländerstatus betrifft, bleibt festzuhalten, dass ich mir als »German Student« durchaus zum Teil als ein bisschen privilegiert vorkam. Dies vor allem auf den vielen, vielen Christmas-Partys, wenn ich von meinen Hausleuten Eva und

Chris entsprechend in die Feiergemeinde eingeführt wurde. Ansonsten hat mein persönlich als beinahe akzentfrei empfundenes Englisch offensichtlich eine dermaßen ausgeprägte bayerische Färbung, die mich stets schon nach den ersten Lauten enttarnte. Mit der vielzitierten Fremd- und Eigenwahrnehmung ist das eben so eine Sache ...

Alles nach Maß

Die Wahlstation in der Kammer gestaltete sich für mein Dafürhalten als von Beginn an »strange«. Wir waren anfangs fünf Referendare, ich die einzige Frau. Mat, Gus, Wolle und ich fingen ungefähr zeitgleich an. Ein Kollege war lange vor uns eingetroffen und seine Mitarbeit neigte sich einem baldigen Ende entgegen. Gus verließ uns nach wenigen Wochen wegen eines tieftraurigen Ereignisses: Sein Vater war plötzlich verstorben. Gus musste zurück zu Mutter und Geschwistern. Somit blieben vorerst nur Mat, Wolle und ich, bevor nach geraumer Zeit Nick, mein heimlicher Schwarm, zu uns stieß.

Die Arbeit in der Kammer war übersichtlich, wir Referendare waren schwerpunktmäßig beschäftigt mit der Ausarbeitung von Marktanalysen zu unterschiedlichsten Produkten deutscher Hersteller. Die Kammer hatte diese Marktbetrachtungen als kostenlose Dienstleistung per Inserat in einer einschlägigen Zeitung angeboten. Deutsche Firmen machten ungehemmt und in einem nicht erwarteten Umfang Gebrauch davon, um die Vertriebschancen ihrer Erzeugnisse auf dem australischen Markt einschätzen und bewerten zu lassen. So wälzten wir zunächst oft Lexika, um erst einmal herauszufinden, um welche Produkte es konkret in den Anfragen ging. Anschließend suchten wir aus statistischen Jahrbüchern die aus unserer Sicht für den Einzelfall einschlägigen Zahlen zusammen, um das so aufgespürte Material in einer Art Bericht darzustellen und zu kommentieren. Inwieweit unsere Recherchen und vermeintlichen »Gutachten« tatsächlich belastbar und für die betroffenen Firmen hilfreich waren, entzieht sich bis heute meiner Kenntnis. Wie dem auch sei: Die stetig in beachtlicher Zahl eingegangenen Anfragen im Rahmen des geschilderten Marktstudien-Projekts gaben uns das Gefühl, einen wichtigen Beitrag zum Kammergeschehen zu leisten. Und diese unsere Mitwirkung in der Kammer war, bedingt durch ein entspanntes Umfeld, recht angenehm. Außerdem erfreuten wir uns eines wöchentlichen »Study Days«, sodass wir in den Genuss einer komfortablen Vier-Tage-Woche kamen. Die freie Zeit sollte es uns ermöglichen, Land und Leute sowie deren Alltag etwas besser kennenzulernen.

Die Ausstattung unserer Arbeitsplätze war nach damaligem Standard, das heißt ohne PCs und Handys, in Ordnung – bis auf ein entscheidendes Detail: Es stand für uns alle zusammen nur *ein* Kleiderbügel zur Verfügung, um Jacke oder Mantel an einer der in einer Art Großraumbüro aufgestellten Trennwände aufzuhängen. Und genau diesen Kleiderbügel hatte mit dreister Selbstverständlichkeit Wolle sofort für sich in Beschlag genommen.

Wolle war ein blonder, braun gebrannter, aufgrund des regelmäßig absolvierten Bodybuildings durchtrainierter Jüngling von überschaubarer Größe. Er trat sehr selbstbewusst und bestimmt auf, hatte eine kräftige, unüberhörbare Stimme und eine etwas außergewöhnliche Körperhaltung: Seine Arme standen von seinem Rumpf ab wie zwei Henkel. Das war schon ein witziges Erscheinungsbild. Wenn er so marschierte, hatte man stets den Eindruck, als trüge er einen gewichtigen Gegenstand durch die Welt. Hinter vorgehaltener Hand – das war zugegebenermaßen nicht besonders charmant von uns – machten wir uns gern über ihn lustig, zumal er mit der Zeit noch dazu eher komische Verhaltensweisen an den Tag legte, die wir zum Teil nicht recht einzuordnen wussten. Unter anderem war er zum Beispiel während der offiziellen Arbeitszeit wiederholt stundenlang unentschuldigt abwesend, und niemand hatte Kenntnis von seinem jeweiligen Aufenthaltsort.

Per Zufall entdeckten wir ihn einmal in der Post, wo er seine Privatkorrespondenz stilvoll an einem der dort befindlichen Stehpulte erledigte. Angesprochen auf seine diversen »Fehlzeiten« verriet er uns schließlich, dass er in Chinatown einen neuen Blazer in Auftrag gegeben hatte. Diese Maßanfertigung machte natürlich mehrere Anproben erforderlich.

Damit hatten wir ein neues Thema und löcherten Wolle regelmäßig nach dem jeweiligen Stand der Dinge. Es war ja sonnenklar, dass unser Kollege uns seinen Neuzugang nach Fertigstellung umgehend vorzuführen hatte.

Mit Spannung sahen wir dem großen Tag entgegen. Endlich war's so weit: Mit vor Stolz geschwellter Brust spazierte Wolle in einem dunkelblauen Blazer ins Büro. Hätten wir die Vorgeschichte nicht gekannt, das gute Stück wäre uns nicht aufgefallen. Es handelte sich um ein ganz normales Modell ohne besondere Merkmale. In Anbetracht der uns bekannten »Kaufumstände« bewunderten wir Wolle dennoch überschwänglich ob seines Neuerwerbs. Wir wollten ihm die Freude daran keinesfalls verderben.

Das absolute Highlight erfolgte allerdings erst, als Wolle sich des noblen Zwirns entledigt und ihn behutsam auf den bereits erwähnten okkupierten Kleiderbügel gehängt hatte: An der Trennwand prangte nun eine nagelneue, nach Maß angefertigte Jacke mit wie Gold glänzenden Knöpfen, deren Ärmel wie zwei Henkel links und rechts abstanden. Der Schneider hatte einen perfekten Job gemacht. Angesichts dieses Eindrucks fiel es uns sehr schwer, nicht in Lachsalven zu verfallen und lauthals loszuprusten. Was Wolle von unserer unterdrückten Reaktion mitbekommen hatte, weiß ich nicht. Jedenfalls kam er in der Folgezeit vorwiegend in seinen »alten« Sachen zum Dienst.

Unverhofft

In der Kammer war personell viel in Bewegung: Eine Kollegin hatte kurzfristig gekündigt, eine andere fiel krankheitsbedingt auf unbestimmte Zeit aus und eine dritte war mit ihrem Mann für mehrere Wochen auf Heimaturlaub in Deutschland. Und das geschah alles in der geschäftigen Vorweihnachtszeit – ein super Timing. Täglich erreichten uns Einladungen an Geschäftsführer und Stellvertreter zu unzähligen Christmas-Partys, eingehende Weihnachtskarten von Firmen und Geschäftspartnern stapelten sich, blieben jedoch unbeantwortet, da sich, siehe oben, alle verfügbaren Sekretärinnen verflüchtigt hatten.

Zu meiner großen Überraschung kam eines Tages der Geschäftsführer, Herr L., auf mich zu und fragte, ob ich bereit wäre, quasi als Aushilfssekretärin zu fungieren, um wenigstens die nötigste Korrespondenz zu erledigen. In diesem Zusammenhang sei angemerkt, dass ich all meine sogenannten Marktanalysen stets mittels der elektrischen Schreibmaschine verfasst hatte, denn tippen kann ich gut. Dies blieb offensichtlich nicht ohne Wirkung. Herrn L.s Angebot klang verlockend, doch ich gab zu bedenken, dass mein Englisch nicht das Beste sei und mich die in Aussicht gestellte Aufgabe sicher überfordern würde, weshalb ich sie demzufolge bestimmt nicht den Erwartungen entsprechend erfüllen könne. Herr L. ließ sich von meinen Einwänden nicht sonderlich beeindrucken. Er meinte, ich solle die auf Band diktierten Texte einfach nach Gehör zu Papier bringen und auf keinen Fall unbekannte Vokabeln im Lexikon nachschlagen. Das koste viel zu viel Zeit und sei nicht zielführend. Er und sein Stellvertreter würden die von mir erstellten Entwürfe durchsehen und für die finale Fassung korrigieren. Das gehe schnell und sei unkompliziert. Diese Option erschien mir dann doch probat, obwohl ich insgeheim eine gewisse Angst vor Blamage hatte. Letztlich willigte ich ein, denn die Marktrecherchen waren ohnehin nicht der Brüller. Außerdem fühlte ich mich höchst geschmeichelt von dem Vertrauen, das man in mich setzte.

So erhielt ich einen neuen Einzel-Arbeitsplatz mit dem nötigen Equipment. Anfangs kämpfte ich mit den Papierformaten und der Schriftbildgestaltung, denn die zu bearbeitende Post sollte schon den Hauch von Professionalität erkennen lassen. Nachdem ja niemand im Büro war, den ich im Bedarfsfall hätte behelligen können, orientierte ich mich an Vorlagen und Mustern. Ein klein wenig konnte ich – zu meinem Erstaunen – auch auf meine vierjährige Realschulzeit im kaufmännischen Zweig zurückgreifen. Dort hatten wir Unmengen an Geschäftsbriefen und deren normgerechte Gestaltung eingeübt, und davon war – man glaubt es kaum – offenbar Grundsätzliches hängen und auch aktuell geblieben. Ansonsten begriff ich ob meiner neuen Funktion allmählich den tieferen Sinn des Slogans »Learning by Doing«.

Mit der Zeit klappte es immer besser mit dem Sekretariatsjob, mein arbeitstäglicher Output nahm erkennbar zu und die Korrekturen meiner beiden Chefs verringerten sich deutlich. Vieles wiederholte sich, und ab und an nahm ich doch ein Wörterbuch zur Hand, um die aus meiner Sicht größten Schnitzer zu vermeiden. Zugegeben: Mein neuer Aufgabenbereich machte mir richtig Spaß. Die Tätigkeit war abwechslungsreich, erschien mir sinnvoll und gab mir das Gefühl, einen substanziellen Beitrag zur Funktionsfähigkeit der Kammer zu leisten. Darüber hinaus bot sich mir die Gelegenheit, mein Englisch zu verbessern und die Scheu vor der Anwendung dieser Fremdsprache abzubauen. Mit meiner Tipperei schien man recht zufrieden zu sein – ein erhebendes Gefühl.

Dann kam der Tag, an dem Mrs. P. erschien. Der Name war mir nicht gänzlich unbekannt, denn mehrmals war im Büro schon gemunkelt worden, Herr L. habe eine »gute Freundin«, so eine Art »Gschpusi«. Die diesbezüglichen Anmerkungen der Kammer-Insider waren ziemlich zweideutig und erfolgten stets hinter vorgehaltener Hand. Vor diesem Hintergrund sah ich dem Besuch der Dame mit Spannung, aber auch mit einer gewissen Nervosität entgegen.

Zum vereinbarten Termin betrat schließlich eine gutaussehende Lady in rotem Kostüm und mit einem dazu passenden blumenbekränzten Hut unser Etablissement. Vor allem die extravagante Kopfbedeckung fand mein besonderes Interesse. In meiner Funktion als Aushilfssekretärin meldete ich Mrs. P. bei Herrn L. an und geleitete sie in dessen Büro. Die Tür schloss sich, öffnete sich aber schon bald wieder, denn Herr L. bestellte Kaffee für seinen Besuch und sich. Der Auftrag wurde von mir unverzüglich ausgeführt und ich servierte die gewünschten Getränke. Als Mrs. P. nach geraumer Zeit die Kammer verließ, genoss ich noch einmal den Anblick ihrer bemerkenswerten Hutkreation und lauschte unauffällig den Kommentaren der Kollegen. Damit war der Fall für mich erledigt.

Der Arbeitstag näherte sich seinem Ende und ich verabschiedete mich in gewohnter Weise in den Feierabend. Da rief Herr L. mich noch mal zu sich, was mich irritierte. Hatte ich womöglich was angestellt? Mit Blick auf das benutzte Kaffeegeschirr meinte Herr L., zu einer guten Sekretärin gehöre es auch, selbiges wieder abzuräumen. Daran hatte ich freilich nicht gedacht. Herr L. hatte natürlich recht. Ein wenig peinlich berührt servierte ich sofort ab und verfrachtete alles in die Küche. Herr L. bedankte sich freundlich schmunzelnd und kehrte zurück an seinen Schreibtisch. Ich hatte eine Lektion gelernt und musste innerlich grinsen.

Meinen Sekretärinnen-Posten bekleidete ich bis fast zum Ende meiner Wahlstation. Zum Dank dafür erhielt ich, und das hat mich sehr berührt, einen für mich hohen, völlig unerwarteten Geldbetrag. Noch viel mehr gefreut habe ich mich allerdings, als mir der stellvertretende Geschäftsführer – Herr L. weilte im Urlaub – einen wunderschönen Bildband über Australien überreichte, mit persönlicher Widmung. Den Stellvertreter hatte ich – ganz im Gegensatz zu dem lockeren, kommunikativen, eloquenten, lässigen Herrn L. – als nüchternen, stets ernsten, zurückhaltenden, sachlichen Vize kennengelernt. Und just dieser Mann verabschiedete mich nun auf diese derart verbindliche, persönliche, herzliche Art und Weise. Das ging mir wahrlich unter die Haut. Daran habe ich eine wunderbare Erinnerung.

Was den unerwarteten Geldsegen anbelangt, war mir intuitiv sofort klar, dass ich damit eine Investition tätigen würde, die mir sonst nicht möglich gewesen wäre und die ich nicht im Entferntesten auf dem Radar hatte. Meine diesbezüglichen Vorstellungen nahmen schnell konkrete Formen an, doch damit verbindet sich eine separate Story.

Australian Specials

Weihnachten stand vor der Tür und die Kammer hatte für einige Zeit zu. Mein unerwartetes Sekretärinnen-Salär wollte ich in einen bleibenden Wert investieren. Was lag da näher als ein Opal? Für mich, die ich schon immer ein Faible für Schmuck hatte, war das *die* Idee.

So begab ich mich in die Innenstadt, um nach einem standesgemäßen Juwelierladen Ausschau zu halten. Von meinen Plänen hatte ich allerdings niemandem erzählt. Es dauerte nicht lang, und ich betrat das Geschäft meiner Wahl. Es war sehr großzügig angelegt und es herrschte reges Treiben darin. Etwas verhalten sah ich mich um und näherte mich langsam einem der Verkaufstischchen. Nach wenigen Minuten kam ein mittelalter, schwarzgelockter Verkäufer auf mich zu, um sich nach meinem Wunsch zu erkundigen. Ich erklärte ihm, dass ich interessiert sei an einem Ring mit einem Opal. Auch nannte ich ihm den Betrag, den ich bereit war dafür aufzuwenden. Der Verkäufer erwiderte – für mich komplett überraschend –, er entnehme meiner Sprachfärbung, dass ich wohl Österreicherin sei. Diese Form der »Spracherkennung« und Zuordnung zum Mutterland schien ein verbreitetes Hobby der Native Speaker zu sein. Nein, klärte ich ihn auf, ich sei aus Germany, genauer gesagt aus Bavaria. Er hatte mit seiner ersten Einschätzung fast ins Schwarze getroffen, was mir zu denken gab.

Daraufhin entschuldigte er sich für einen kurzen Moment, da er etwas holen wolle. Er meinte, es dauere nicht lang, ich möge doch bitte kurz warten, was ich mit einer gewissen Neugier und Spannung auch tat. Nach überschaubarer Wartezeit kam der Verkäufer mit zwei Ringbüchern zurück, in denen die unterschiedlichsten Opale in Klarsichtfolien verwahrt wurden, wie früher Fotos in den eigens dafür vorgesehenen Alben.

Der Verkäufer meinte, ich könne die Steine in aller Ruhe anschauen und herausfinden, ob ein passendes Exemplar für mich darunter sei. Also ließ er mich mit den Schätzen allein und wandte sich einer neuen Kundschaft zu. Über dieses Vertrauen war ich nicht schlecht erstaunt. Ohne Weiteres, so mein Gedanke, hätte ich ein Opälchen der Sammlung entwenden und einstecken können. Das hätte ich selbstverständlich niemals getan; dennoch schoss mir diese Möglichkeit durch den Kopf. An eventuelle Überwachungskameras dachte ich nicht eine Sekunde.

Jedenfalls blätterte ich fasziniert die Bücher durch und stieß tatsächlich auf einen Stein, der mir besonders gut gefiel. Irgendwann kam schließlich der Verkäufer zurück, dem ich einigermaßen aufgeregt eröffnete, mich entschieden zu haben. Mein Gegenüber bestätigte mir, eine gute Wahl getroffen zu haben, auch der Preis sei angemessen. Mangels eigener Expertise ging ich davon aus, es mit einem seriösen Geschäftsmann zu tun zu haben, und schenkte seinen Ausführungen Glauben. Mein Verhandlungspartner schlug weiterhin vor, ich möge doch in zwei Tagen wiederkommen, denn dann sei Robert, der Designer, anwesend, und der könne mich in Bezug auf die genaue Gestaltung eines Rings beraten. Damit erklärte ich mich einverstanden. Wir vereinbarten einen Termin und verabschiedeten uns mit Blick auf ein baldiges Wiedersehen.

Als ich den Juwelierladen verließ, wurde mir erst so richtig bewusst, dass die Sache völlig anders verlief als erwartet. Ursprünglich war ich davon ausgegangen, ich würde eine Kollektion an Opalringen präsentiert bekommen, aus der ich mir etwas Passendes aussuchen konnte. An eine Einzelanfertigung hatte ich nicht im Geringsten gedacht. Aktuell hatte ich lediglich einen Stein gewählt, der weitere Verlauf war offen.

Zwei Tage später – ich konnte es kaum erwarten – begab ich mich erneut in das Schmuckgeschäft. Der Verkäufer nahm mich sofort wahr und bat auch gleich seinen Kollegen Robert zu uns. Nach einer kurzen Vorstellung ließ er mich mit dem Designer, der in einen weißen Kittel gekleidet war und eher aussah wie ein Arzt, allein. Der Opal, für den ich mich entschieden hatte, lag auf dunklem Samt bereit. Robert inspizierte fachmännisch den Stein, nahm ein kleines Stoffsäckchen aus seiner Brusttasche und kippte einige Brillanten auf die samtene Unterlage. Ganz gezielt brachte er je einen winzigen Brillanten links und rechts neben dem Opal in Position und erklärte, dies sei eine gelungene Kombination, die – entsprechend gefasst – ein apartes Schmuckstück ergeben würde. Er empfahl ein mir völlig unbekanntes »Roman Setting« als Fassungsvariante und zeichnete mir gekonnt auf, was er damit meinte.

Ja, das sah alles sehr gut aus. Schnell waren wir uns einig und setzten den Verkäufer über das Besprechungsergebnis ins Bild. Robert verabschiedete sich und der Verkäufer legte mir dar, dass der Ring wie besprochen angefertigt würde. Sobald er verfügbar sei, könne ich entscheiden, ob ich ihn tatsächlich erwerben wolle. Wenn nicht, sei das auch kein Problem, denn dann würde die Kreation sozusagen im freien Verkauf angeboten werden. Das beruhigte mich ungemein, denn damit hielt sich jedes Risiko für mich in Grenzen.

Abschließend wollte der Verkäufer noch wissen, wie er mich telefonisch erreichen könne, um mich über die Fertigstellung des Rings zu informieren. In Ermangelung eines Handys, zur damaligen Zeit, hinterließ ich Telefonnummer und Adresse meiner Hausleute und erwähnte beiläufig, dass ich für die kommenden zehn Tage, über Xmas und Silvester, nicht in Sydney sei und Australien Mitte Februar verlassen würde. Mein Gesprächspartner kannte nun alles für ihn Wissenswerte und verfügte über die erforderlichen Kontaktdaten. Somit war für den Moment alles geregelt, was zu regeln war, und ich zog zufrieden von dannen.

Für die nächsten zehn Tage war mit Mat und Wolle eine Tour ins australische Outback geplant und es folgten abenteuerliche Zeiten. Schon bald wichen wir von unserer ursprünglichen Route ab und verließen, unter vorsätzlicher Missachtung aller Ermahnungen, Appelle und Ratschläge unserer Hausleute, New South Wales. Damit setzten wir auch jeglichen Anspruch auf eine potenzielle Pannenhilfe des Autovermieters aufs Spiel, die im Bedarfsfall nur innerhalb des Bundesstaates zu leisten gewesen wäre. Aus heutiger Sicht war unser Unternehmen schon fast als grob fahrlässig einzustufen. Wir hatten weder Wasser- noch Proviantvorräte im Auto, Handys gab's, wie erwähnt, noch nicht, auf eine Klimaanlage im Auto hatten wir – aus Kostengründen – verzichtet, und niemand außer uns dreien kannte unseren jeweiligen Aufenthaltsort. Stattdessen nahmen wir die Vorschläge der netten Einheimischen, die uns begegneten, stets bereitwillig entgegen, beratschlagten dann, ob wir die empfohlenen, typisch australischen Stätten tatsächlich anfahren sollten, und beschlossen jedes Mal ausnahmslos, das zu tun. Andernfalls hätten wir schließlich nie die Aborigines in Wilcannia erlebt, den Auswanderer Kurt in seinem Dugout nahe White Cliffs kennengelernt oder Bekanntschaft gemacht mit einem Hotelier, der zugleich als Operator in einem Post Office fungierte, vor dem eine rote Telefonzelle stand, die anstelle von Glaswänden mit einem Gitter ausgerüstet war, in dem ein Kakadu wohnte.

Erst als wir eines Abends auf einem Hügel bei White Cliffs im Sand lagen und fast schon meditierend auf einige Windräder am Horizont in der Abendsonne blickten, sprachen wir aus, was uns alle wohl übereinstimmend im Innersten bewegte: Bislang waren wir glücklicherweise ohne Zwischenfälle durchgekommen, den Reparaturservice »Windscreen O'Brien« hatten wir noch nicht aufsuchen müssen – und wir konnten nur hoffen, dass das so bliebe, bis wir wieder »in der Zivilisation« ankommen und auf unsere ursprünglich geplante Route zurückkehren würden. Dass wir in höchstem Maße leichtsinnig gehandelt hatten, blitzte kurz in unseren Betrachtungen auf, doch die Abenteuerlust überwog. »Mut« kann man das in der Rückschau jedenfalls nicht nennen.

Nicht unerwähnt bleiben soll der Verlauf des Abends am zweiten Weihnachtsfeiertag 1984:

Wir bezogen unser Quartier in dem einzig verfügbaren Hotel mit angegliederter Post in White Cliffs. Die Betten waren butterweich, mit mehreren Tagesdecken übereinander versehen und boten diversem, nicht übersehbarem Ungeziefer einen willkommenen Rastplatz. Danach machten wir uns auf die Suche nach etwas Essbarem, denn in unserer Unterkunft gab es bedauerlicherweise keine Möglichkeit zu speisen. In unserem Mietwagen steuerten wir spontan auf den vermuteten Ortskern von White Cliffs zu. Das war, wie sich bald herausstellen sollte, eine hervorragende Idee, denn in der »City« stießen wir tatsächlich auf eine Art Gemeindehaus: ein langgezogenes, weißes Gebäude aus Holz, eingeschossig, mit einer kleinen Glocke auf dem Dach. Die Pforte stand weit offen; kein Wunder bei den hochsommerlichen Temperaturen und der drückenden Schwüle. Nach knapper Bedenkzeit entschieden wir uns, das Innere dieser Örtlichkeit zu erkunden, und spazierten ganz selbstverständlich hinein. Dort bot sich uns ein nahezu paradiesischer Anblick: Lange Tische mit unzähligen Kuchen, Keksen und Gebäck erfreuten unsere Augen. Eine quirlige Gesellschaft aus Frauen und Kindern bevölkerte diesen kulinarischen Treffpunkt. Irgendwie fielen wir da gar nicht weiter auf. Und immer dann, wenn uns doch jemand ansprach, erklärten wir, wir kämen aus Deutschland und seien auf der Durchreise. Das hatte zur Folge, dass wir im Zuge gelebter Gastfreundschaft aufgefordert wurden, anständig zuzugreifen und die Köstlichkeiten, die ausschließlich »homemade« waren, zu probieren. Damit erfuhr unsere von Anfang an praktizierte Selbstbedienung rückwirkend die sehr erwünschte Legitimation vonseiten der Gastgeber. Alles hätte auch anders verlaufen und mit einem Rauswurf enden können. Das war zum großen Glück nicht der Fall.

Das Kuchenbuffet war ausgesprochen vielfältig und reichhaltig, und wir schlugen ausgiebig zu. Als der Hunger gestillt war, kam mangels geeigneter Getränke ein intensives Durstgefühl auf. So verließen wir die weihnachtliche Festgemeinde, verabschiedeten uns artig mit einem herzlichen Dank und begannen zu erkunden, ob es in der näheren Umgebung auch ein Pub gab, denn ein Bier erschien uns als unbedingt nötig nach dem Genuss all der süßen Spezereien.

Nach kurzer Spontanfahrt erreichten wir wirklich einen Holzbau mit umlaufender Veranda, auf welcher nur Männer mit Bierdosen herumstanden und plauderten. Mat und Wolle waren begeistert ob dieser Kulisse – ich war dagegen völlig entsetzt. Sofort machte ich meinen Begleitern unmissverständlich klar, dass ich das Auto keinesfalls verlassen würde angesichts all dieser rauen, kernigen, teils vollbärtigen und langhaarigen Kerle mit ihren markant geschnittenen Gesichtern, hervorstehenden Backenknochen und stechenden Augen. Für mich war dieses Bild zutiefst angsteinflößend, was Mat und Wolle nicht so recht nachempfinden konnten und darüber schmunzelten. Eine unausweichliche Lagebesprechung führte zu folgendem Kompromiss: Nur die beiden Herren sollten diesem Pub einen Besuch abstatten und mir ein Bier zum Auto bringen.

Fluchtartig verließen die zwei Jungs unseren blauen Mietwagen und verschwanden im Pub. Ziemlich nervös verfolgte ich das Geschehen auf der Veranda in der Hoffnung, dass keiner von den Typen von mir Notiz nahm und nicht auf die Idee kam, sich unserem Fahrzeug zu nähern. Sehnsüchtig erwartete ich Mat und Wolle zurück. Aber weder der eine noch der andere erschien. Langsam fand ich das Warten nicht mehr lustig. Schon überlegte ich vorsichtig, ob ich mich auch in die

»Höhle des Löwen« begeben sollte, was ich dann doch gleich wieder verwarf.

Nach einer gefühlten Ewigkeit erschienen endlich Mat und Wolle, bestens gelaunt und zu meiner Überraschung komplett unversehrt, mit dem versprochenen Bier für mich in ihren Händen. Sie schilderten mir sichtlich beeindruckt die prima Atmosphäre in dieser Location, die ich nach ihrem Dafürhalten ohne Weiteres auch hätte betreten können. Auf den Gedanken, mich einfach dazu zu holen, waren sie nicht gekommen. Na ja, es waren halt Männer unter sich ...

Meine anfängliche Enttäuschung wich nach all der Aufregung schließlich mehr und mehr einer wohltuenden Entspannung. Ich war nur froh, dass meine zwei Burschen zurück waren und die Situation gerettet war.

Als wir zu vorgerückter Stunde beschlossen, zu unserem Hotel zurückzufahren, konnten wir kaum fassen, was wir auf dem Weg dorthin sahen: Die ganze Belegschaft aus dem Gemeindehaus zog wie in einer Karawane zum Pub, wo – allem Anschein nach – Männer, Frauen und Kinder gemeinsam den Abend ausklingen ließen. Offensichtlich handelte es sich bei den männlichen Gästen auf der Veranda des Pubs eher um harmlose Familienväter denn um verbrecherische Opalminen-Arbeiter, wie ich mir das in meiner Fantasie in allen Farben ausgemalt hatte. So kann's gehen.

An außergewöhnlichen Erlebnissen mangelte es uns auf unserer Tour in keinster Weise, für spannungsgeladene Momente war ebenfalls gesorgt. Wir waren beeindruckt.

Schätzungsweise sieben Tage nach unserem Aufbruch in Richtung Outback hielten wir es für angebracht, uns endlich telefonisch bei unseren Hausleuten zu melden, um nachträglich unsere Weihnachtsgrüße loszuwerden und einfach ein

Lebenszeichen zu geben. Von unseren Um- und Abwegen erwähnten wir wohlweislich kein Wort. Eva und Chris waren hörbar erleichtert, als sie erfuhren, dass bei uns alles in Ordnung war und wir unsere Entdeckungsreise genossen. Dann allerdings hatte Eva noch eine ganz besondere Botschaft für mich: Sie schilderte in aller Ausführlichkeit, dass für mich ein wunderschönes Weihnachtsgesteck angeliefert worden sei, mit einer großen Schleife und zusammen mit einer passenden Karte mit teilweise deutschem Text. Unterschrieben habe die Karte ein gewisser John. Nicht nur Eva, die das Briefgeheimnis recht großzügig interpretierte, stellte sich die Frage, wer dieser ominöse John wohl sein mochte – eventuell ein vermeintlicher Verehrer? Auch ich war total überfordert und konnte weder das Geschenk noch dessen Absender einordnen. Mir war nur ein einziger australischer John in Erinnerung: ein sympathischer, für meinen Geschmack äußerst attraktiver, junger Mann mit Vollbart und sonorer Stimme, den ich auf einer der zahllosen Christmas-Partys flüchtig kennengelernt hatte. Doch dies war lediglich ein zufälliges, oberflächliches Zusammentreffen gewesen. Dass dieser John mir zu Weihnachten ein Geschenk hätte zukommen lassen, konnte ich mir schwer vorstellen. Gefallen hätte mir das sehr, doch ich wollte realistisch bleiben.

Für den Rest unseres Outback-Trips rätselte ich zwischendurch immer wieder, wer hinter der Weihnachtsüberraschung stecken könnte. Gewissheit, das lag auf der Hand, würde ich erst in Sydney bekommen.

Als wir dort einliefen, erkundigte ich mich nach einer innigen Wiedersehensbegrüßung bei Eva nach dem ominösen Gesteck. Davon war angesichts der Hitze nichts mehr übrig außer der erwähnten Schleife, die mich in Form- und Farbgebung an das Muster eines schottischen Tartans erinnerte. Die beigefügte Karte führte ich mir mit großer Erwartung zu Gemüte, doch sie trug nicht wirklich etwas zur Identifizierung ihres Verfassers bei. Das Rätsel blieb also weiterhin ungelöst, Eva war sichtlich enttäuscht. Allmählich legten wir beide den Vorgang gedanklich ad acta. Dies war nicht sonderlich schwierig, denn ein neues Thema stand bereits kurz nach unserer Rückkehr im Fokus: Der Ring war fertig.

Entsprechend aufgeregt steuerte ich bei nächster Gelegenheit den Juwelierladen an, um das Zielobjekt in Augenschein zu nehmen. Mir wurde ein gelungenes Schmuckstück präsentiert, das man strikt nach Designer Roberts Vorgaben geschaffen hatte. Ohne zu zögern, brachte ich zum Ausdruck, dass meine Erwartungen voll erfüllt seien und ich den Ring, der auf Anhieb passte, kaufen wolle. Der altbekannte Verkäufer schien darüber hocherfreut zu sein. So ließ ich meine Neuerwerbung standesgemäß verpacken, bezahlte und schickte mich an, den Heimweg anzutreten. Ich hatte mich bereits umgedreht und einige Schritte in Richtung Ausgang gemacht, als ich plötzlich die Stimme des Verkäufers hörte. Er meinte, er habe noch eine Frage, und wollte wissen, ob ich denn seine Weihnachtsgabe und die beigefügte Grußkarte erhalten hätte. Er habe beides an die ihm von mir bei meinem letzten Besuch angegebene Adresse geschickt.

Wie vom Donner gerührt blieb ich stehen, drehte mich dann ruckartig um und fragte den Verkäufer in aller Direktheit zurück, ob er John hieße. Er bejahte, und das Geheimnis schien schlagartig gelüftet. Daraufhin bestätigte ich, leicht irritiert, umgehend dankend den Erhalt seines Geschenks bzw. dessen, was nach meiner Rückkehr noch davon übrig gewesen war. Auch setzte ich ihn davon in Kenntnis, dass ich mir über den Absender unklar war. John schmunzelte sichtlich amüsiert. Und dann bat er mich, seine Weihnachtsgeste nicht falsch zu verstehen. Er, so der Beginn seiner Erläuterungen, habe drei Töchter. Als ich ihm bei unserer Begegnung eröffnet hatte, aus Deutschland zu kommen und im Februar wieder dorthin zurückzufliegen, wurde ihm bewusst, dass ich mich an

Weihnachten, dem Fest der Familie, fern der Heimat aufhalten würde. Dabei dachte er an seine Töchter und daran, wie diese sich in so einer Situation wohl fühlen würden. Er stellte sich vor, dass sie sich ganz bestimmt freuen würden, wenn jemand in der Fremde an sie denken und sie mit einem Geschenk überraschen würde. Also entschloss er sich, diesen Gedanken auf mich zu übertragen. Die mir von ihm zugedachten Blumen und Grüße sollten das Weihnachtsfest, das ich diesmal 16.000 Kilometer entfernt von daheim begehen würde, verschönern.

Ob dieser Offenbarung war ich einfach nur platt. Es stellte sich ein Gefühl der Rührung ein. Erneut bedankte ich mich für dieses völlig unerwartete, höchst empathische Handeln. Dann verließ ich John und das Juweliergeschäft endgültig und für immer.

Häufig, wenn ich meinen Opalring trage, erinnere ich mich an diese Geschichte und bin dankbar, sie erlebt haben zu dürfen. Ob etwas Vergleichbares wohl auch in unseren Tagen noch irgendwo passiert? Es wäre schön.

Risiko

Die Weihnachtstage vor unserem abenteuerlichen Trip ins Outback verbrachten Mat, Wolle und ich in Adelaide, bei einem jungen Mann, dessen Name mir entfallen ist. Ihn und seine Bekannte – auch ihren Namen weiß ich nicht mehr – hatten wir auf einer Christmas-Party kennengelernt. In den Genuss derartiger Veranstaltungen waren wir auf verschiedenen Wegen gekommen: entweder offiziell, quasi als Abgesandte der Kammer, da unser Chef und sein Vize unmöglich alle Einladungen wahrnehmen konnten, oder inoffiziell durch Eva, unsere Landlady, bzw. eine ihrer Schwestern. Letztere führten uns jeweils als »German Students« ein, was uns stets die entsprechende Aufmerksamkeit und den Einstieg in weiteres Networking verschaffte. Auf diese Weise knüpften wir, wenn auch nur oberflächlich, eine Menge Kontakte. Oft wurden wir, als Ausdruck australischer Gastfreundschaft, zu Folgeevents eingeladen – zum Teil mit anschließender Übernachtung. Für die Weihnachtsfeiertage hatten wir gern davon Gebrauch gemacht, zumal uns dies die Quartiersuche in einem teuren Hotel oder einem Caravan Park ersparte.

Am Heiligen Abend lagen Mat, Wolle und ich tagsüber am Strand – ein höchst ungewohntes Gefühl – und lauschten den zünftigen Office Partys im Radio und den Hörerwünschen, die erfüllt und ausgestrahlt wurden. Am Abend schlossen wir uns der Feiergemeinde unseres erwähnten Gastgebers an, was nicht von schlechten Eltern war: Kredenzt wurden Austern, Champagner und im Garten vom Eigentümer höchstpersönlich zubereitete Grillspezialitäten. Wie die Austern, mit Zitronensaft beträufelt, zu schlürfen waren, hatten uns die reichlich anwesenden Experten schnell beigebracht. Es war ein ausgedehnter Christmas Eve und es währte lang, bis sich auch der letzte Nichtübernachtungsgast verabschiedet hatte. Todmüde und pappsatt fielen schließlich auch wir ins Bett.

Am ersten Weihnachtsfeiertag war alles anders: Als wir uns zum Frühstück einfanden, erinnerte nur eine nicht zu übersehende Batterie geleerter Sektflaschen, ordentlich aufgereiht, an die Fete, die erst vor wenigen Stunden zu Ende gegangen war. Unser Gastgeber hatte sich fein zurechtgemacht und war auf dem Sprung zu seiner Familie. Wie für alle seine Freunde stand das traditionelle Turkey-Essen auch für ihn auf dem Programm. Bevor er sich auf den Weg machte, betonte er noch, Haus und Garten stünden selbstverständlich zu unserer freien Verfügung. Und dann ermahnte er uns äußerst eindringlich, heute im Falle des Befahrens einer Autobahn ganz besondere Vorsicht walten zu lassen. An Weihnachten und Silvester feiern die Australier nämlich bevorzugt auf den Grünstreifen großer Verkehrsadern. Um jedoch auf dieselben und zurück zum Auto zu gelangen, müssen die Feiernden jeweils die Fahrbahn überqueren. Da eine Party ohne ausgiebigen Biergenuss für einen Australier unvorstellbar scheint, verwundert es nicht, dass zu Weihnachten und zum Jahreswechsel die bei Weitem meisten Unfälle passieren. (Unser Gastgeber hatte mit seiner Warnung nicht übertrieben, wie wir etwas später auf einer kurzen Autobahnfahrt feststellten und den Highway zügig wieder verließen.)

Als unser Quartiermeister schließlich zu seinem Familienfest aufgebrochen war, begaben Mat, Wolle und ich uns erst einmal in den Garten, um sowohl den weiteren Verlauf dieses Tages als auch den der nächsten Reiseetappe zu besprechen. Vorher tauschten wir uns aber darüber aus, dass es in Down Under jungen Leuten sehr gut möglich war, an ein eigenes Haus zu kommen oder bis zu einem Jahr von der Arbeit freigestellt zu werden, um Auslandserfahrungen zu sammeln. Von der einen oder anderen Variante hatten diverse Damen und Herren, die wir im Laufe der Zeit getroffen hatten, schon Gebrauch gemacht. Die meisten davon waren in unserem Alter oder nur geringfügig älter. Der Freistellungsmodus wurde uns damals als »Long Service Leave« vorgestellt – bei uns entspricht das wohl dem Begriff »Sabbatical«. Jedenfalls waren wir fasziniert ob der uns als recht attraktiv und fortschrittlich geschilderten Optionen unserer australischen Bekannten.

Unsere fast schon philosophischen Betrachtungen hatten uns hungrig und durstig gemacht und es war an der Zeit, sich über das leibliche Wohl Gedanken zu machen. So beschlossen wir, zum Zweck der Nahrungsaufnahme ein Restaurant aufzusuchen. Schnell stellten wir fest, dass alle Lokale an diesem Tag geschlossen waren, mit einer rühmlichen Ausnahme: McDonald's. Es blieb uns buchstäblich nichts anderes übrig, als uns mit einem Big Mac und eisgekühlter Cola zu begnügen. Nix war's mit Truthahn und Rotwein – ein echtes Kontrastprogramm zum Vorabend.

Auch dieser Tag nahm seinen Lauf, und am nächsten begann dann unser geplanter Trip ins Outback. In Ermangelung einer Klimaanlage im Auto – auf eine solche hatten wir, wie gesagt, aus Kostengründen verzichtet – sprinteten wir von einer Raststätte zur nächsten, um uns dort fast panisch sofort mit kalten Getränken zu versorgen. Beim Fahren wechselten wir uns ab. Im rollierenden Verfahren durfte sich immer der jeweilige Fahrer des nächsten Streckenabschnitts auf der Rückbank ausstrecken und sich erholen. Die hinteren Seitenfenster wurden mit Handtüchern zugehängt, um Hitze und Sonneneinstrahlung im Auto ein wenig zu dämpfen. Diese Idee hatte sich jedoch als völlig nutzlos erwiesen, und gern hätten wir alles gegeben für eine Klimaanlage – dafür war es leider zu spät.

Als wir auf einer dieser meilenweit, bis zum Horizont, schnurgeraden Straßen unterwegs waren, tauchte am Rande der Fahrbahn plötzlich ein kleiner Tümpel neben bizarr anmutenden Bäumen und Baumstämmen auf. Wir konnten diese Szenerie auf keinen Fall passieren, ohne sie vorher abgelichtet zu haben. Umgehend legten wir einen spontanen Fotostopp ein, um uns dem Motiv eines »Muddy River« inklusive »ange-kokelter« Eukalyptusbäume – wie Mat es bezeichnete – zuzu-wenden. Zu erwähnen bleibt noch, dass wir »typisch deutsch«, jedenfalls nicht »australisch« gekleidet waren: kurze Hosen, leichte, kurzärmelige bzw. (Wolle) ärmellose T-Shirts, San-dalen und keinerlei Kopfbedeckung. Mat, ein blonder junger Mann mit blauen Augen, und der braun gebrannte Wolle, der die Farbe Gelb für seine Kleidungsstücke bevorzugte und dessen helle Haarpracht bereits unübersehbar lichte Stellen aufwies, entsprachen nicht wirklich dem, was man sich unter einem Aussie gemeinhin vorstellte. Wie auch immer: Wir er-ledigten unser Fotoshooting und setzten unsere Reise fort. Und dann geschah's:

Ein roter Truck überholte uns, setzte sämtliche Blinker und begann zu hupen. Der Fahrer streckte den Arm aus dem rech-ten Seitenfenster, hob und senkte diesen in rhythmischen Be-wegungen und gab uns zu verstehen, doch bitte anzuhalten. Sofort erinnerten wir uns an den eindringlichen Appell unse-rer Hausleute, niemals auf der Main Road auf freier Strecke stehen zu bleiben oder die Hauptstraße zu verlassen. Völlig verunsichert fuhren wir weiter. Und der Truckfahrer vor uns hörte nicht auf mit seinem Gestikulieren. Meine beiden Be-gleiter meinten, bestimmt habe »unser neuer Freund« mitge-kriegt, dass eine Frau an Bord sei, dieser Umstand wirke sich mit Sicherheit nicht risikosenkend aus.

Der Truckdriver wedelte beständig weiter mit seinem Arm und letztlich verständigten Mat, Wolle und ich uns auf folgende Strategie: Ja, wir wollten anhalten, Mat und Wolle sollten aus-steigen, ich hingegen sollte mich keinesfalls aus dem Fahr-zeug bewegen. Gesagt, getan.

Die zwei Boys nahmen unverzüglich Kontakt zum Fahrer vor uns auf, der seinen Truck ebenfalls zum Stehen gebracht hatte. Uns allen war, gelinde gesagt, ziemlich mulmig zumute. Nach wenigen Minuten kehrten Mat und Wolle mit ge-löstem Gesichtsausdruck zum Wagen zurück und erzählten, sichtlich entspannt, vom Inhalt ihrer Unterredung mit dem Autobahn-Abschnittsgefährten: Dieser hatte uns erspäht, als er an uns vorbeigedonnert war, während wir unsere Fotos machten. Auch aus unserem übrigen Erscheinungsbild hatte er – wen wundert's? – geschlossen, dass wir wohl Touristen seien. Diese Einschätzung wiederum hatte ihn zu der Idee veranlasst, dass wir eventuell ein echtes, typisch australisches Bush Pub in Augenschein nehmen wollten. Und genau ein solches befände sich gar nicht weit entfernt von unserem aktuellen Standort: Wir müssten nur wenden, ein paar Meilen zurückfahren und dann auf eine Dirt Road einbiegen, die uns nach weiteren ca. eineinhalb Meilen zu besagtem Pub bringen würde.

Das war alles. Er hatte also weder einen Raub, eine Entfüh-rung, Geiselnahme oder Ähnliches im Sinn gehabt. Diese ab-solut unerwartete Begebenheit stellte uns zum ersten Mal vor die Entscheidung, ob wir uns über alle Ratschläge und Warnungen unserer Hausleute hinwegsetzen und auf den Tipp einer Zufallsbekanntschaft vertrauen wollten oder strikt unseren »Fahrplan« einhalten sollten. Wir befanden uns in einem echten Dilemma. So begannen wir, das Für und Wider bezüglich eines Abstechers zu diesem ominösen Pub abzuwä-gen und alles, was damit zusammenhing, zu bedenken.

Fazit: Wir drehten um und steuerten auf die empfohlene Lo-kalität zu. Schon nach kurzem Befahren der Dirt Road war unser blauer Mietwagen nicht mehr wiederzuerkennen: Der rote Staub der Straße hatte ihn überzogen und rot eingefärbt.

Nach etwa einer Viertelstunde erreichten wir unser neues Ziel. Vor dem Pub, benachbart lediglich von einer Telefonzelle sowie einem Strommast, parkten diverse kleine Transporter, deren Dächer über den Bordwänden der Ladeflächen zum Teil abgeschnitten waren. Auf manchen dieser Flächen lagen genüsslich Hunde, die uns neugierig beäugten. Besonders einladend kam mir dieser Anblick nicht vor. Ein Zurück gab es aber jetzt nicht mehr. Wir – vor allem ich – nahmen unseren Mut zusammen und traten ein.

Wir fanden uns in einem relativ dunklen Raum wieder, der, man glaubt es kaum, doch tatsächlich anheimelnd auf mich wirkte. Eine freundliche Dame an der Bar, die Inhaberin, wie sich schnell herausstellte, hieß uns ein wenig erstaunt willkommen. Ohne zu zögern, erklärten wir ihr – darum hatte uns der Ortskundige auf der Hauptstraße ausdrücklich gebeten –, der Fahrer eines roten Trucks habe uns geschickt und lasse sie herzlich grüßen. »Frau Pub« vermittelte den Eindruck, als wisse sie gleich, von wem die Rede war. Dann gesellten wir uns, relativ relaxed, zu den anderen Gästen, die meinem Bild typischer Aussies voll entsprachen: Sie trugen fast alle Hüte, an denen Korken zur Abwehr unliebsamer Insekten herabbaumelten. Ich war schwer beeindruckt. Über der Theke war ein rundumlaufendes Brett angebracht, auf dem Bierdosen von all den zahllosen Brauereien des Landes wohlgeordnet präsentiert wurden.

Unser Um- bzw. Abweg hatte sich schon jetzt gelohnt. Doch es kam noch besser: Mit unseren Nachbarn ins Gespräch zu kommen, war keine Kunst, das kühle Bier schmeckte nach der vorausgegangenen Anspannung herrlich und die Atmosphäre war insgesamt sehr angenehm. Im Anschluss an die anfängliche Aufwärmphase eröffnete uns die Wirtin, dem Pub sei ein kleines Museum angegliedert, in welchem es altes Mobiliar und Kleider aus früheren Zeiten zu bestaunen gebe. Ohne zu überlegen, folgten wir ihr dorthin und waren überrascht, was wir zu sehen bekamen.

Nach dem Museumsbesuch erhielten wir einen weiteren Tipp in Bezug auf eine alte, stillgelegte Mine, die – wir konnten sie sogar von der Straße aus sehen – nicht weit entfernt lag. Dankend nahmen wir auch diese Empfehlung zur Kenntnis, verabschiedeten uns herzlich und setzten unsere Tour fort. Die Mine inspizierten wir nicht mehr, denn unser ursprünglicher Zeitplan war ohnehin bereits ziemlich durcheinandergeraten. Allein die Ereignisse dieses Tages hatten dazu geführt, dass wir den Bewohnern des fünften Kontinents fortan weniger misstrauisch entgegentraten und verstärkt spontan reagierten.

Im weiteren Verlauf unserer Unternehmung trafen wir immer wieder auf Menschen, die uns ansprachen, sich nach unserer Herkunft erkundigten und sich schließlich bemüßigt fühlten, uns auf landestypische Plätze und Einrichtungen aufmerksam zu machen. In Wilcannia beispielsweise stellte die Leiterin eines Cafés, die uns beim Studieren unseres Reiseführers beobachtet hatte, sogar den Kontakt her zu einem deutschen Auswanderer namens Kurt, der in einem sogenannten Dugout lebte. So kamen wir doch noch in den Genuss, eine Behausung unter der Erde zu besuchen – ein unvergessliches Erlebnis. Das berühmte Coober Pedy mussten wir mit großem Bedauern von unserem Reiseplan streichen – wir hätten es zeitlich einfach nicht geschafft. Kurts liebevoll eingerichtetes Dugout und die persönliche Betreuung durch diesen außergewöhnlichen Menschen während der individuellen Besichtigung seines unterirdischen Heims haben mich mehr als entschädigt für das gestrichene Coober Pedy.

Wochen nach unserem Abenteuertrip berichteten Mat und ich unseren Hausleuten dann doch von dem einen oder anderen Erlebnis abseits der ursprünglich geplanten Route. Eva und Chris waren teilweise zutiefst entsetzt über unseren grenzenlosen Leichtsinn. Sie konnten kaum glauben, dass uns die Aborigines in Wilcannia nicht das Auto geklaut, den Tank leergefahren und den Wagen einfach liegen gelassen hatten. Offensichtlich waren unsere Schutzengel unsere ständigen

Begleiter und hatten uns keine Sekunde aus den Augen gelassen.

Unser Abenteuer war glücklich zu Ende gegangen und hat, das stelle ich heute, nach mehr als drei Jahrzehnten, fest, nur positive Spuren hinterlassen – abgesehen von mancher Aufregung, die bei anstehenden Entscheidungen aufkam, die wir drei einvernehmlich und praktisch ohne Bedenkzeit zu treffen hatten.

Dass die Person, die all das Beschriebene erlebt hat, mit derjenigen, die es nun aufzeichnet, identisch sein soll, erscheint mir kaum nachvollziehbar, entspricht aber den Tatsachen.

Flatmates

Unsere Hausleute, in deren ansprechendem Reihenhäuschen Mat und ich wohnten, waren keine gebürtigen (Festland-) Australier: Eva stammte von den Westindischen Inseln, Chris kam aus Tasmanien. Die zwei waren aus meiner Sicht ein eher ungleiches Paar. Eva war eine sehr agile Person, die zu jeder Tages- und vermutlich auch Nachtzeit ihre sämtlichen Antennen ausgefahren hatte, um möglichst viel davon aufzunehmen, was um sie herum so alles passierte.

Einen nicht zu vernachlässigenden Bestandteil des Tagesablaufs stellte das allabendliche »Gossiping« dar. Während Eva, Chris und ich gemeinsam die Küchenarbeit erledigten, gerieten wir jedes Mal ins Plaudern. Wir besprachen die Ereignisse des Tages und Eva lieferte auch gleich die Interpretation der von ihr wahrgenommenen Vorgänge mit. Höchst spannend wurde es immer, wenn es um Beziehungsthemen ging, woran es niemals mangelte. An zweiter Stelle rangierten Diskussionen über Geld im Allgemeinen und dessen Verwendung im Besonderen, eine schwierige Angelegenheit.

Jedenfalls habe ich Eva als liebenswerte, jedoch auch ziemlich egoistische, dominante Zeitgenossin in Erinnerung, die es bestens verstand, den gutmütigen, humorvollen, manchmal ein wenig unbeholfenen Chris mitunter ganz schön zu gängeln. Wenn Eva sich etwas in den Kopf gesetzt hatte, konnte Chris stets nur klein beigeben. Eva schaffte es – mit wenigen Ausnahmen – in der Regel, ihren Partner genau dorthin zu manövrieren, wo sie ihn haben wollte.

Und auch Mat und mich hatte sie in ihre Erziehung mit einbezogen: Wichtig war ihr vor allem, dass die »German Students« während Evas und Chris' Anwesenheit ausschließlich Englisch sprachen. Damit waren zwei Fliegen mit einer Klappe geschlagen: Mat und ich hatten eine gute Gelegenheit, unsere Sprachkenntnisse anzuwenden und zu verbessern, Eva erhielt auf diese Weise zusätzlichen Stoff in Sachen »Gossiping«.

Weiterhin legte unsere Landlady großen Wert darauf, dass alle »Flatmates« ausgewogene Beiträge zur gemeinsamen Haushaltsführung leisteten. Die Bedeutung des Begriffs »Flatmates« lernte ich dadurch erstens kennen und im Zuge praktischer Umsetzung auch konkret zu verstehen. Insbesondere entrichteten Mat und ich monatlich einen angemessenen Obolus für die Haushaltskasse, dafür durften wir uns aus dem Kühlschrank bedienen und alle vorhandenen Geräte wie Wasch-, Kaffee-, Spülmaschine, Wäschetrockner etc. benutzen. Dieses Verfahren lief reibungslos ab und hatte mich sehr beeindruckt: Jeder wusste genau um seine Rechte und Pflichten, was gegenseitigen Respekt und den Aufbau einer spürbaren Vertrauensbasis zur Folge hatte – eine nachhaltig prägende Bereicherung für mich.

Mat und ich waren nicht die ersten Referendare, die Eva und Chris bei sich beherbergten. So ließ Eva uns wissen, sie habe im Laufe der Zeit aufgrund der Erfahrungen mit unseren Vorgängern festgestellt, dass die Herren der Schöpfung teilweise ein deutliches Defizit hatten, wenn es ums Bügeln ging. Das konnte nach Evas Ansicht natürlich nicht so bleiben. In Unkenntnis dieser Umstände hatte ich Mat jedoch angeboten, er möge seine Hemden einfach zu meiner Bügelwäsche legen, zur weiteren »Bearbeitung«. Als Eva das eines Tages mitkriegte und mich quasi auf frischer Tat ertappte, griff sie sofort ein. Um aus Mat auch im Hinblick auf die Haushaltsführung einen unabhängigen jungen Mann zu formen, verfügte sie kurzentschlossen, dass Mat seine Klamotten künftig ausschließlich selbst zu behandeln hatte. Anfangs gelang es uns noch, die Anordnung zu umgehen. Dies ging so lange gut, bis Eva mich eines Tages – sie kam früher heim als erwartet – dabei erwischte, dass ich eines von Mats frischgewaschenen Hemden auf das Bügelbrett beförderte. Relativ energisch forderte sie mich auf, mich an die getroffene Regelung zu halten. Das hatte gesessen.

Von dieser Zeit an verfuhr Mat nach der Bügelanweisung, die ihm seine damalige Verlobte mitgegeben hatte: Er richtete sein Augenmerk lediglich auf Kragen, Knopfleiste und Manschetten – der Rest war ohnehin »überdeckt« von seinen Jacketts, die er im klimatisierten Büro trug. Damit war allen zur Rede stehenden Interessen in jeweils vertretbarem Umfang Rechnung getragen. Jedenfalls hatte vor allem Eva sich nicht mehr weiter eingemischt.

Chris hatte es schon nicht leicht, denn in Sydney lebten auch drei von Evas Schwestern, die häufig zu Besuch kamen: Cecilia, Liz und Michelle. Mat und ich verstanden uns bestens mit ihnen – sie waren schließlich Altersgenossinnen. Unsere Wohngemeinschaft traf sich mit den drei Damen und einigen Freunden öfters zum gemeinsamen Abendessen in einem Restaurant – meist waren wir ca. zehn Personen. Bei dieser Gelegenheit lernte ich eine weitere Lektion: Jeder bestellte zunächst das Gericht seiner Wahl. Wollte jemand davon probieren, galt es, diesem Wunsch zu entsprechen. Im Gegenzug konnte man die Speisen ausgewählter »Mitesser« testen. Sobald es ans Bezahlen ging, wurde der zu begleichende Gesamtbetrag schlicht durch die Anzahl der Mitglieder der Tafelrunde geteilt und auf den Tisch gelegt – zu gleichen Anteilen. Ein kompliziertes, zeitaufwendiges Aufdröseln der einzelnen Positionen unterblieb. Diese Vorgehensweise erwies sich als probat. Vor dem Hintergrund weiterer Treffen konnte davon ausgegangen werden, dass sich insgesamt gesehen alles irgendwie ausgleichen würde. Wahrscheinlich war das tatsächlich der Fall.

Study Day

In der Vorweihnachtszeit waren Mat und ich froh, an wenigstens ein oder zwei Abenden in der Woche nicht verplant zu sein. Eine der unzähligen Christmas-Partys jedoch war sehr speziell und blieb nicht ohne Folgen.

Cecilia, eine von Evas erwähnten Schwestern, war Reinigungsfrau bei einem jungen Mann namens Alan, der mit seinem Partner Jamie, einem Filipino, zusammenlebte. Das war für mich mittlerweile nichts Außergewöhnliches mehr, denn Sydney war zu dieser Zeit die zweitgrößte Schwulenmetropole der Welt. Da Alan Geburtstag hatte, organisierten Cecilia und Jamie für ihn eine Überraschungsparty, zu der selbstverständlich auch Mat und ich eingeladen waren – wohlgemerkt von Cecilia, nicht vom »heimzusuchenden« Hausherrn, den wir zu diesem Zeitpunkt noch gar nicht kannten.

An Alans Geburtstag fuhren wir – Eva, Chris, Cecilia, Mat und ich – zum Ort des Geschehens. Vor einem ansehnlichen Bungalow in einer augenscheinlich sehr guten Wohngegend hielten wir an und stiegen aus. Alles erfolgte möglichst geräuschlos, Alan sollte ja nichts bemerken. Begeistert hatte mich bereits der Vorgarten des Anwesens, dessen Bäume und Sträucher von diversen Lichterketten erleuchtet wurden, die für das bevorstehende Weihnachtsfest installiert waren. Es handelte sich um unzählige kleine Lämpchen, die allesamt in warmem, gelblichem Licht erstrahlten. Allein schon diese Gestaltung hatte Stil und war ein wohltuender Kontrast zu den zahllosen knallbunten, wild blinkenden Lichtern in den zum Teil mit roten Bademänteln und Nikolausmützen verkleideten Dekorationsrentieren, die in den Schaufenstern der Kaufhäuser platziert waren. Derartigen Weihnachtsschmuck hatte ich bereits zur Genüge genossen.

Als Alans Zugehfrau verfügte Cecilia über einen Hausschlüssel, mit dem sie uns Zugang zum »Meeting Point« verschaffte. Im Haus warteten schon viele andere Gäste und Jamie hatte die Lage völlig im Griff. Er war ein hübscher junger Mann von mittlerer Größe, schlank, das schwarze, glatte Haar kurz geschnitten und gegelt. Bekleidet war er mit einer weißen, flattrigen Hose und einem passenden weißen Oberteil.

Nachdem alle Geladenen eingetroffen waren, gab Jamie das Signal zum »Einsatz«. Wie alle anderen folgten wir ihm in einen großen Raum, an dessen Schreibtisch Alan noch in Seelenruhe arbeitete. Angesichts der vielen Gratulanten wurde es schnell laut und lebhaft, der erhoffte Überraschungseffekt war zweifellos eingetreten. Alan wurde nach und nach mit seiner teils noch unbekannten Fangemeinde bekannt gemacht. Wieder einmal wurden Mat und ich als »German Students« vorgestellt. Diese Bezeichnung wirkte, so mein Eindruck, wie eine Art Legitimation in Bezug auf die Teilnahmeberechtigung für gesellschaftliche Veranstaltungen privater Natur.

Das Catering funktionierte perfekt und bot auserlesenes Fingerfood. Irgendwann machte eine Platte die Runde, auf welcher herrliche Erdbeeren, saure Sahne und Karamellzucker angerichtet waren. Den umstehenden Insidern hatten wir abgeschaut, wie hier zu agieren war: Man schnappte sich eine Erdbeere, tunkte dieselbe erst in die saure Sahne und anschließend in den braunen Zucker. Diese Kombination erwies sich als absolut köstliche Kreation, die ausgesprochen gut mundete.

Der Abend nahm einen kurzweiligen Verlauf, und zu vorgerückter Stunde kamen Mat und ich ins Gespräch mit dem Geburtstagskind. Alan war ein großer, attraktiver, sportlicher Mittvierziger und – wie sein Lebensgefährte Jamie – vollständig in Weiß gehüllt. Freundlich erkundigte er sich nach Grund, Sinn und Zweck unserer Auslandsstation. Als wir uns als Rechtsreferendare geoutet hatten, erklärte uns Alan, dass auch er Jurist und zuständig für die fachliche Betreuung von Rechtsreferendaren sei. Mat und ich staunten nicht schlecht. Ganz unverblümt fragte uns Alan schließlich, ob wir denn Interesse hätten, bei Gelegenheit einer Gerichtsverhandlung beizuwohnen, er könne das gern organisieren. Mat und ich überlegten keine Sekunde und waren gleich Feuer und Flamme ob dieses herausragenden, unverhofften Angebots. Alan versicherte uns, er werde uns nicht vergessen und uns über Cecilia zur Kenntnis bringen lassen, wenn es so weit wäre.

Dieser Partybesuch hatte sich schon jetzt mehr als gelohnt. Man bedenke: Cecilia hatte uns mit australischer Aufgeschlossenheit in die Gästeliste ihres intellektuellen Arbeitgebers aufgenommen, den wir nie zuvor gesehen hatten. Und dann stellte uns das bis dahin unbekannte Geburtstagskind auch noch die Teilnahme an einer Verhandlung vor einem australischen Gericht in Aussicht. Mir erschien das alles unfassbar. Die wohl am meisten überraschten Teilnehmer dieser Party dürften faktisch Mat und ich gewesen sein.

Die Tage vergingen und waren gut ausgefüllt mit Ereignissen unterschiedlichster Art. Die Begegnung mit Alan, dem Juristen, war schon im Begriff zu verblassen, als Cecilia aus heiterem Himmel mitteilte, ihr Arbeitgeber habe für uns einen passenden Gerichtsteilnahmetermin ausgemacht und organisiert. Er bitte uns, ihn zu genannter Zeit vor dem Gerichtsgebäude zu treffen, wo er auf uns warten werde. Sofort war die Überraschungsparty wieder präsent. Mat und ich beantragten bei unserem Vorgesetzten einen außerordentlichen »Study Day« für den Verhandlungstag – eine reine Formsache.

Angespannt und aufgeregt begaben Mat und ich uns zum vereinbarten Treffpunkt vor dem Gerichtsgebäude. Rein prophylaktisch hatten wir einen zeitlichen Puffer eingebaut und waren überpünktlich. Doch wo war Alan? Unsere Nervosität steigerte sich, und unablässig taxierten wir die Eingangsfront. Außer einem eleganten Herrn mit Brille in vornehmem Anzug an einer Ecke des Baus nahmen wir niemanden wahr. Vermutlich war er Anwalt und wartete, so unsere Annahme, auf seinen Mandanten.

Die Zeit verstrich unaufhörlich. Da kamen wir auf den glorreichen Gedanken, uns den Herrn an der Ecke genauer zu besehen. Wir fassten uns ein Herz und näherten uns ihm langsam. Als uns die Zielperson bemerkt hatte, drehte sie sich zu uns um und kam uns lächelnd entgegen. Im Gegensatz zu uns hatte Alan uns wiedererkannt und begrüßte uns herzlich. Die Welt war – gerade noch rechtzeitig – wieder in Ordnung. Mit Brille und im Anzug wirkte Alan höchst seriös, gesetzt und äußerst stattlich, wie eine Amtsperson eben. Ohne Brille und in legerem, weißem Freizeitlook hatten wir ein völlig anderes Erscheinungsbild gespeichert.

Zusammen mit unserem Mentor betraten wir endlich das ehrwürdige Gerichtsgebäude. Bevor Alan uns zum Gerichtssaal geleitete, in dem die von ihm ausgewählte Verhandlung stattfinden sollte, hatte er noch einige Instruktionen für uns parat. Er eröffnete uns zunächst, dass er selber nicht mit in den Saal kommen werde, vielmehr werde er uns Jeremy, einem gerichtsdienenden Referendar, als Kontaktperson anvertrauen. Auch dürften wir es nicht versäumen, sowohl beim Betreten als auch beim Verlassen des Gerichtssaals uns jeweils in Richtung Richtertisch zu verbeugen.

Unter Beherzigung der auferlegten Verhaltensregeln nahmen wir im Gerichtssaal Platz. Worum es in dem zu verhandelnden Fall ging, habe ich vergessen. In Erinnerung geblieben ist mir jedoch der mit viel dunklem Holz ausgestattete Saal. Beeindruckt war ich von den Unmengen herbeigeschaffter Bände mit Fallsammlungen, die auf Wägelchen angeliefert wurden – klar, wir hatten es mit Case Law zu tun. Auch der würdige, eine natürliche Autorität ausstrahlende Richter zog mich gleich in den Bann.

Während wir damit beschäftigt waren, diese ungewohnte Umgebung konzentriert aufzunehmen, bewegte sich plötzlich Jeremy auf uns zu – sehr gemessen und fast lautlos. Bei uns angekommen, steckte er uns wortlos einen mehrfach gefalteten Zettel zu, gab uns flüsternd zu verstehen, er würde uns nach der Sitzung am Saaleingang erwarten, drehte sich lächelnd um und kehrte zurück an seinen angestammten Gerichtsdiener-Platz. Höchst verdutzt »entfalteten« wir das Papier, auf welchem in deutscher Sprache stand: »Ich möchte die deutschen Studenten nach der Verhandlung gern treffen.« Vom Rest der Geschehnisse im Gerichtssaal bekam ich so gut wie nichts mehr mit. Vielmehr spekulierte ich über das, was folgen würde.

Die Verhandlung war zu Ende, alle Teilnehmer verließen mit der gebotenen Verbeugung den Raum und Jeremy wartete tatsächlich auf uns am angegebenen Ort. Er ersuchte uns, kurz zu verweilen, denn der Richter würde sich in wenigen Augenblicken zu uns gesellen. Und genauso geschah es.

Eine Ehrfurcht einflößende Persönlichkeit kam, noch gewandet in seine Amtstracht, auf uns zu und stellte sich als Mr. Justice Michael Kirby vor. Mat und ich standen ziemlich verlegen und ein wenig hilflos in der Landschaft. Nach einigen Sätzen unausweichlichen Small Talks lud uns Mr. Justice freundlich ein, ihm in sein Büro zu folgen.

Dieses befand sich in einem höheren Stockwerk und war sehr geräumig. Ausgestattet war es mit prall gefüllten, raumhohen Bücherwänden sowie einer mit Leder bespannten Sitzgruppe. Durch die Glasfront gegenüber dem Eingang bot sich uns ein atemberaubender Blick über den Hafen. Mr. Justice forderte uns routiniert auf, in der großzügigen Sitzecke Platz zu nehmen. Irgendwie kam schließlich doch ein Gespräch zustande, das vom Sinn und Zweck unseres Auslandsaufenthalts, den Grundzügen einer juristischen Ausbildung in unserer Heimat und den bisher gesammelten Eindrücken von Sydney handelte. Nach einer knappen halben Stunde beendete Mr. Kirby unsere Unterhaltung mit dem Hinweis, dass er ein glühender Verehrer der Musik Gustav Mahlers sei. Diese Musik legte er uns ausdrücklich und eindringlich ans Herz. Mit guten Wünschen für die Zukunft entließ er uns und überstellte uns an den mittlerweile herbeigerufenen Jeremy, der uns bis zum Ausgang begleiten sollte. Zuvor erledigte Jeremy jedoch noch eine von Mr. Kirby angeordnete Aufgabe: Er lichtete Mat und mich mit Mr. Justice in der Mitte vor einer der Bücherwände ab.

Mat und ich waren zutiefst beeindruckt von dieser Begegnung – das musste sich alles erst einmal setzen.

In der Kammer am Folgetag wollte man natürlich wissen, wie unser »Study Day« und unser Besuch bei Gericht verlaufen seien. Ordnungsgemäß und bereitwillig gaben wir Auskunft. Als wir auf unser Zusammentreffen mit Mr. Justice Michael Kirby in dessen Büro zu sprechen kamen, ernteten wir nur ein ungläubiges Lächeln der Kammer-Crew. Diese Reaktion erfüllte Mat und mich mit einigem Unverständnis. Die Kollegen in der Kammer klärten uns daher darüber auf, dass es sich bei besagtem Richter mit Sicherheit nicht um Mr. Justice Michael Kirby gehandelt haben könne. Letzterer stelle nämlich eine der bedeutendsten Richterpersönlichkeiten des Landes dar, mit der man nur im absoluten Ausnahmefall in Kontakt käme. Vermutlich hätten wir den Namen nur falsch verstanden.

Zum Glück hatte Jeremy das erwähnte Erinnerungsfoto geschossen, das wir stolz den Kollegen zum Beweis vorlegten. Diese waren nicht schlecht erstaunt, verstummten zusehends und bestätigten verwundert, dass der Herr auf dem Bild tatsächlich Mr. Kirby war. Wir, so ihre Empfehlung, sollten diese Begegnung als ganz große Ehre auf unsere Fahnen schreiben. Das tue ich bis heute.

Über Cecilia bedankten wir uns aufs Herzlichste bei Alan für seine folgenreiche, nachhaltige Initiative. Gesehen haben wir Alan nicht mehr.

Das beschriebene Foto zählt als wichtiger Bestandteil zu meinem persönlichen Schatz, den ich sorgfältig hüte. Es ist ein weiterer Beleg dafür, wie unverkrampft in Down Under schier Unmögliches Wirklichkeit werden kann.

Aus zweiter Hand

Bevor alles aus meiner Sicht Berichtenswerte schriftlich fixiert sein dürfte, füge ich doch noch eine Schilderung an, die Bezug nimmt auf das jährlich stattfindende Silvesterspektakel in Sydney.

Eva und Chris waren »zwischen den Jahren« verreist und hinterließen uns sozusagen eine sturmfreie Bude. Ganz ausdrücklich hatten sie uns gestattet, Freunde einzuladen und im Haus entsprechend zu feiern, um das neue Jahr standesgemäß zu begrüßen. Einzige Bedingung war, dass die beiden Hausherren ihre Liegenschaft nach ihrer Rückkehr genauso aufgeräumt und ordentlich vorfinden wollten wie bei ihrer Abreise. Zudem hatten sie uns nachdrücklich davor gewarnt, am Silvesterabend in die Innenstadt und ganz besonders in die Bannmeile der Oper zu tippeln. Gerade der Bezirk um Opernhaus und Hafen gelte, so unsere erfahrenen Hauswirte, an den kritischen Tagen als die größte Bierdose der Welt. So weit, so gut.

Mat und ich hatten es sehr geschätzt, dass Eva und Chris uns offensichtlich blind vertrauten und uns ein nur unwesentlich limitiertes Hausrecht übertragen hatten. Wir wollten unsere »Flatmates« auf keinen Fall enttäuschen und machten uns an die Planung der Silvesterfete. Dazu luden wir Wolle, Gus und Susi ein. Susi absolvierte zum Teil ihre Wahlstation in Melbourne und Gus war wieder in den Kreis unserer Kollegenschaft zurückgekehrt, nachdem die familiären Umstände sich einigermaßen normalisiert hatten. Gemeinsam wollten wir in entspannter Atmosphäre tafeln, anschließend war ein Spaziergang zur Schiffsanlegestelle in Balmain vorgesehen. Von dort aus wollten wir das weltberühmte Feuerwerk auf der gegenüberliegenden Seite der Bucht verfolgen. Doch es sollte anders kommen.

Nach dem Essen in beschaulicher Umgebung, also mehr oder minder am »häuslichen Herd«, befiel die Herren der Festgemeinde eine spürbare Nervosität. Sich in die Innenstadt und ins Operngetümmel zu stürzen, erwies sich – nach einem längeren Prozess des Abwägens sämtlicher Pros und Cons – als zu reizvoll und verlockend. Diese einmalige, unwiederbringliche Gelegenheit wollten sie sich letztendlich doch nicht entgehen lassen. Susi und ich – wir hatten uns engagiert an der Diskussion in Sachen Verfahrensänderung beteiligt und all unsere Bedenken eingebracht – entschieden uns, die Stellung zu halten und gemäß Plan A die harmlose Balmain-Beobachtungs-Alternative konsequent weiterzuverfolgen. Vor allem wollten wir uns die gelöste Stimmung nicht vermiesen lassen durch Hektik, Gedränge, Alkohol und lärmendes Gegröle.

So spaltete sich die Jahresabschlussgruppe in völligem Einvernehmen auf, und jede/r wählte die individuell präferierte Variante.

Die Herren der Schöpfung nahmen direkten Kurs auf das Stadtzentrum. Zu gegebener Zeit brachen auch Susi und ich zu einem ca. 20-minütigen Marsch auf. Wir beabsichtigten, uns im Einzugsbereich der Anlegestelle in Balmain einen schönen und sicheren Platz zu suchen, um die weiteren Geschehnisse auf uns wirken zu lassen.

Für Susi und mich klappte alles nach Wunsch, ohne jeglichen Zwischenfall. Aufrichtigerweise halte ich fest, dass mir das Feuerwerk nicht als besonders beeindruckend in Erinnerung geblieben ist, was wohl der doch erheblichen Entfernung geschuldet sein dürfte. Zufrieden und tiefenentspannt trotteten Susi und ich – bestens gelaunt im brandneuen Jahr 1985 angelangt – zurück zu unserem Domizil. Neugierig sahen wir der Rückkehr unserer Kollegen entgegen, mit Spannung erwarteten wir ihren Bericht über die Situation am »Hotspot«.

Es sollte eine lange Zeit der Vorfreude werden, die sich allmählich in Sorge um unsere Burschen verkehrte. Endlich – gegen 2:30 Uhr in der Früh – traten zwei völlig erschöpfte, komplett entnervte, absolut ernüchterte Freunde ein, die sich sofort in die Sitzgelegenheiten fallen ließen. Was sie zu erzählen hatten, klang ausgesprochen abenteuerlich:

Anfangs schien alles noch im Lot. Mat und Gus hatten Wolle zu dessen Unterkunft in der City begleitet, zumal man von dort aus eine super Sicht auf Oper und Hafen hatte. Traumhafte Aufnahmen vom Feuerwerk zum Jahreswechsel belegten das. Nach erfolgreicher Beendigung ihrer Fotosession konnten es sich die drei letztendlich doch nicht verkneifen, sich der feiernden Masse im Hafenviertel anzuschließen. Auch dieses Unterfangen erwies sich als zunächst relativ harmlos. Richtig angespannt und gefährlich wurde es erst, als die Feiernden sich gleichzeitig aus einem biergeschwängerten Hexenkessel entfernen wollten. So war es aussichtslos, überhaupt ein freies Taxi zu ergattern. Und selbst dann, wenn man ein solches okkupiert hatte, gab es kein Durchkommen, da diverse Vehikel und Unmengen an Menschen sämtliche Straßen, die aus der Feiermeile hinausführten, blockierten. Unsere Berichterstatter erklärten, sie hätten – in Anbetracht der unguten, nur noch schwer überschaubaren Situation – sich entschlossen, den Heimweg zu Fuß anzutreten. Als sie wahrgenommen hatten, dass Scharen von Leuten in angetrunkenem Zustand die Ladeflächen von Kleintransportern sprichwörtlich kaperten und fast zum Kippen brachten, wollten Mat und Gus nur noch raus aus der Gefahrenzone – dann halt eben per pedes.

Selbst Mat, der vom Taxifahren im Rheinland am Rosenmontag einiges gewöhnt und entsprechend abgehärtet war, wirkte geschockt ob der jüngsten Erlebnisse. Die Warnung unserer Hausleute war nicht ohne Grund erfolgt. Außerdem ist man hinterher in der Regel immer klüger. Was in dieser Nacht allein für uns zählte, war die Tatsache, dass keiner aus der Gruppe zu Schaden gekommen war. Auch Wolle, der in seiner innenstadtnahen Behausung geblieben und einem ungefähr zweieinhalbstündigen Nachtmarsch entgangen war, hatte alles gut überstanden.

Wie beschaulich hatten da Susi und ich doch den Start in ein neues Jahr gestaltet ...

Anmerkung: Der Ansturm in der Silvesternacht ist ganz offenbar ungebrochen. Mein Patensohn hatte vor zwei Jahren die unwiederbringliche Gelegenheit, ebenfalls dem Jahreswechselspektakel in Sydney beizuwohnen. Er und zwei seiner Freunde hatten sich zu diesem Behufe an Silvester bereits gegen 14 Uhr mit etwas Glück einen vielversprechenden Beobachtungsplatz gesucht und diesen auch nicht mehr verlassen. Laut Erzählung war das sich bietende Feuerwerk ohne Frage der Mühe wert. Zudem hatte man auf diese Weise viel Zeit, um sich auf das bunte Geschehen am Nachthimmel einzustimmen – vermutlich nicht nur mit Softdrinks?!

Tiger Face

Es muss Ende Januar oder Anfang Februar 1985 gewesen sein, an einem sommerlichen Samstag in Sydney. Meine »Wahlstation« ging ihrem Ende entgegen und es war an der Zeit, für die Daheimgebliebenen – und natürlich auch für mich zur späteren Erinnerung – einige Eindrücke fotografisch, vielmehr filmisch einzufangen. Vati hatte mir eigens dafür seine Super-8-Kamera anvertraut. Also machte ich mich auf den Weg, um geeignete Motive zu suchen.

Während ich durch Sydneys Innenstadt schlenderte, hatte ich die Umgebung meines jeweiligen Standortes stets im Blick. Daher war es mir auch nicht entgangen, dass mich eine Person schon seit geraumer Zeit zu verfolgen schien. Blieb ich stehen, so tat dies auch die/der Unbekannte hinter mir. Wartete ich an der Ampel etwas länger als andere Passanten, verhielt sich mein »Schatten« ebenso. Da ich ja mehr oder weniger ziellos durch die Gegend zog und spontane Fotostopps einlegte, konnte ich mir nur schwer vorstellen, dass dies ein Zufall war und der/die andere dieselbe Route hatte.

Meine Konzentration verlagerte sich allmählich vom beabsichtigten »Filmshooting« in Richtung Verfolger-Wahrnehmung. Als wir wieder an einer auf Rot geschalteten Ampel zum Stehen kamen, drehte ich mich kurzentschlossen um, denn ich musste einfach wissen, ob mein »Beschattungseindruck« den Tatsachen entsprach oder lediglich eine Art Fata Morgana unter australischer Sonneneinstrahlung war.

Nein, ich hatte mir nichts eingebildet: Schräg hinter mir hatte sich eine zierliche, schwarzhaarige Frau mittleren Alters postiert. Bedingt durch meine mutige – ich war selber davon überrascht – Drehung um 180°, blickte ich in ein markantes

Gesicht, dessen Augen frontal auf mich gerichtet waren. Aha, so war das also. Und jetzt?

Noch bevor ich meine Sprache wiederfand – ich hatte mir ohnehin noch keine Worte zurechtgelegt –, eröffnete die schöne Unbekannte das Gespräch mit der beruhigenden Einleitung, ich möge bitte nicht erschrecken. Sie sei Künstlerin und habe den – aus meiner Sicht spaßigen – Ehrgeiz, herauszufinden, woher der eine oder andere Zeitgenosse stamme. Zu diesem Behufe studiere sie die Gesichtszüge ihrer jeweiligen »Zielperson«, die momentan ich war. Ganz unverblümt teilte sie mir mit, dass sie mich aufgrund meiner Physiognomie als Europäerin einstufe. Bingo! Sie lieferte dann gleich noch ihre Detail-Einschätzung nach und tippte auf Österreich als mein Herkunftsland. Damit lag sie nur unwesentlich daneben. Selbstverständlich erklärte ich ihr umgehend, dass sie noch keinen Volltreffer gelandet hatte. Bevor ich weitersprechen konnte, bat sie mich, dies zu unterlassen. Sie wolle ohne jede Hilfestellung zum richtigen Ergebnis kommen. Dies gelang ihr sehr schnell, denn bereits in ihrem zweiten Versuch nannte sie zutreffend »Deutschland«. Das Ratespiel war erfolgreich beendet, die Kandidatin hatte 100 Punkte für sich zu verbuchen. Meiner Bewunderung verlieh ich entsprechend Ausdruck. Auf meine Frage, wie sie so treffsicher »mein Land« identifizieren konnte, antwortete sie, ich hätte typisch deutsche Gesichtszüge. Wie auch immer – sie hatte richtig kategorisiert.

Die Künstlerin erkundigte sich interessiert, wohin meine Tour mich noch führen würde und ob sie mir dabei eventuell behilflich sein könne. Letzteres war auf jeden Fall gegeben, denn ich wollte unbedingt die berühmte Harbour Bridge – auch »Coat Hanger« genannt –, unter der ich mit der Fähre x-mal hindurchgefahren war, wenigstens einmal auch per pedes passieren. Jedoch wusste ich nicht, wo der dafür vorgesehene Fußweg begann.

Meine neue Begleiterin bot sich sofort an, mich an die ge-
wünschte Stelle zu bringen. Allerdings wolle sie auf dem
Marsch dorthin noch kurz in einem Laden vorbeischauen, in
dem sie eine interessante Tasche entdeckt hatte. Es würde
nicht lange dauern, nur etwa fünf Minuten. Diese Zeit hatte
ich allemal.

Nach einem kurzen Gang hatten wir das besagte Geschäft erreicht. In der Auslage wurde unter anderem eine Handtasche
präsentiert, auf welcher ein Tigerkopf prangte, weiß unter-
legt. Für mich war die Sache klar: Das Objekt der Begierde lag
zum Kauf bereit, eine Interessentin befand sich unmittelbar
davor – der Abwicklung des Deals stand also nichts mehr im
Wege. Doch meilenweit gefehlt!

Gleich nach Betreten des Ladens kam eine adrette Verkäuferin
auf uns zu, um sich nach unseren Wünschen zu erkundigen.
Die »Schattenfrau« signalisierte daraufhin ihre Bewunderung
für die Tiger-Tasche, die umgehend aus dem Schaufenster ge-
holt und der potenziellen Kundin zur genaueren Betrachtung
vorgelegt wurde. Damit verbunden wurde der bemerkens-
werte Hinweis, dass es zur Tasche der Wahl auch ein passendes Kleid gäbe. Auf Anfrage, ob die schöne Unbekannte
selbiges anprobieren wolle, reagierte diese zunächst noch
etwas verhalten. Sie hatte mittlerweile ihre Aufmerksamkeit auf einen wunderschönen plissierten Blazer gerichtet,
der – strahlend weiß – von der oberen Kante eines der Re-
gale herunterblitzte. Dieses Teil war auch mir ins Auge gestochen. Meine Begleiterin ließ den Blazer »absteigen« und zog
ihn sich über. Er stand ihr hervorragend. Die Dame begutach-
tete sich ausgiebig im Spiegel, fand dann aber doch Gründe,
warum sie von einem Erwerb Abstand nehmen wolle.

Mittlerweile waren die angekündigten fünf Minuten längst
verstrichen und die Zeit schien gekommen, die Tiger-Tasche zu erstehen und das Modegeschäft zu verlassen. Doch

wieder lag ich falsch. Meine »Verfolgerin« kam – für mich völlig überraschend – zurück auf das Tiger-Taschen-Ergänzungskleid. Sie wollte es sich schließlich doch ansehen. Also wurde das für meinen Geschmack recht extravagante Stück zur Anprobe angereicht.

Die Künstlerin sah einfach super darin aus mit ihrem eher dunklen Teint und den schwarzen, kinnlangen Locken. Ein wirklich tolles Bild, wie die Verkäuferin bestätigend beipflichtete. Die Tasche aus dem Fenster komplettierte das Ensemble perfekt. Die Verkäuferin und ich gerieten regelrecht ins Schwärmen, ganz im Gegensatz zur Kundin, die sich in der Zwischenzeit zumindest pro forma über den Preis (250 A$ das Kleid, 50 A$ die Tasche) schlaugemacht hatte. Sie besah sich äußerst kritisch im Spiegel, legte dann Kleid und Tasche zurück und verkündete, sie wolle sich einen Kauf erst noch überlegen. Wir verließen eine sichtlich enttäuschte Verkäuferin und das dazugehörige Geschäft.

Unmittelbar nach Verlassen des Ladens eröffnete mir meine Begleitung, sie habe nie die Absicht gehabt, sich eins der Teile zu kaufen. Sie wollte lediglich testen, wie sie in dem Tigerkleid, von dessen Existenz sie von Anfang an gewusst hatte, wirken würde. Die Tasche habe sie nie wirklich interessiert; sie diente nur als Aufhänger, um unauffällig – daher auch der Schlenker zu erwähntem Blazer – die Anprobe des Kleides vorzubereiten. Und überhaupt sei der Preis für die Artikel viel zu hoch angesetzt.

Nach Abschluss dieses spontanen, für mich ziemlich irritierenden »Projekts« huschte die Künstlerin auf unserem Weg zur Harbour Bridge noch schnell in einen Teeladen, in welchem sie jedoch gleich fündig wurde. Anschließend marschierten wir weiter. Als wir einen kleinen Park passierten, blieben wir unvermittelt stehen. Die »Schattenfrau« erklärte, hier habe sie ihren Ex-Mann kennengelernt. Nach einer gefühlten Gedenkminute gingen wir zielstrebig weiter. Schon bald war die Harbour Bridge in greifbare Nähe gerückt und der Startpunkt zur anvisierten Überquerung erreicht.

Eine außergewöhnliche Begegnung hatte ihr Ende gefunden. Die Künstlerin und ich verabschiedeten uns völlig unspektakulär voneinander – wir hatten uns nicht einmal mit Namen vorgestellt – und gingen unserer getrennten Wege.

Noch nach über 30 Jahren wirkt diese Begebenheit in mir nach.

Tasmanien und Great Barrier Reef

Die Dienstzeit in Sydney war ein voller Erfolg und mit die beste Zeit in meinem Leben, die ich für nichts auf der Welt missen möchte.

Zum Glück hatte ich von der anfangs gehegten Absicht, meinen Rückflug umzubuchen, Abstand genommen und nach getaner Arbeit noch einen zweiwöchigen Urlaub im Februar 1985 angehängt. Dieser erfolgte auf zwei Etappen: Zunächst stand eine Woche Tasmanien auf dem Programm, danach buchte ich eine Woche auf den Whitsunday Islands mit einem Trip zum Great Barrier Reef, dem abschließenden Höhepunkt meines Australien-Abenteuers.

Etappe eins war ein Flop, von dem es bedauerlicherweise wenig Positives zu berichten gibt. Im Reisebüro hatte ich mich für eine Gruppenreise angemeldet, geführt von einer, wie sich später herausstellte, inkompetenten jungen Reiseleiterin, die zum ersten Mal in diesen Gefilden unterwegs war. Ansonsten waren 14 Teilnehmer mit von der Partie, davon 13 Frauen bzw. Mädchen und ein Mann. Dieser spülte seinen Frust darüber, keinen Artgenossen in der Gruppe vorgefunden zu haben, regelmäßig mit Alkohol runter, was ich ganz besonders liebe. Schwer in Ordnung war Bob, unser Busfahrer. Er hatte Erfahrung darin, auch in Konflikt- oder peinlichen Situationen stets eine adäquate Herangehensweise zu (er-)finden. Erwähnenswert erscheint mir die Tatsache, dass ich die einzige Europäerin in diesem Gefüge war, zu welchem auch eine scheue Analphabetin gehörte sowie ein bedauernswertes, recht einfältiges, minderjähriges Mädchen, dessen Vater ihm die Reise finanziert hatte in der Hoffnung, die Tochter würde einen Schwiegersohn aufgabeln. Just dieses Mädchen warf sich eines Abends in einen knallengen, körperbetonten Overall und tanzte in einem ländlichen Pub zu Titeln aus der

Musikbox auf dem Tisch. Immer wieder flehte sie dabei mit einem kleinen Metallschälchen um »tips, tips, tips«, während die anwesenden Männer sich daraus einen Spaß machten und sich lautstark über die Tänzerin belustigten. Irgendwann hielt ich es nicht länger aus und ergriff die Flucht in Richtung Unterkunft. Bei dieser handelte es sich um eine baufällige Holzbaracke, deren Löcher im Dach notdürftig mit Papier zugestopft waren. Mein Zimmer teilte ich mit einer angenehmen jungen Mitreisenden, im Etagenbett hatte ich mich für den »ersten Stock« entschieden.

Nachdem ich also frühzeitig allein das Pub verlassen hatte, richtete ich mich zur Nachtruhe. Angekommen auf der vorletzten Sprosse der Bettleiter traute ich meinen Augen nicht: Zwei riesige Spinnen mit handtellergroßen Körpern und pelzigen Beinen hatten es sich in meinem Refugium gemütlich gemacht. Wie vom Blitz getroffen und vom Donner gerührt rauschte ich eilends rückwärts die Leiter hinab, packte in Windeseile meine Reisetasche und suchte in panikartigem Zustand ein »cleanes« Zimmer. Dabei stieß ich auf meine gerade heimkehrende Lieblingsreisegenossin Heather aus Melbourne, die mich leicht irritiert fragte, was denn so Schreckliches passiert sei. Aufgeregt verwies ich auf die entsetzlichen Eindringlinge in meinem Zimmer. Heather inspizierte selbiges sogleich in aller Ruhe, kam nach ein paar Minuten zurück zu mir und meinte gelassen, ich brauche mir keine Sorgen zu machen, die Tiere seien völlig harmlos und absolut ungiftig. Das machte es für mich, die schon die kleinsten Exemplare dieser Spezies in Wallung bringen, kein bisschen leichter. Zum Glück konnte ich doch noch eine spinnenfreie Kemenate aufspüren, in der ich auch diese Nacht unbeschadet überlebte.

Bezüglich unserer Reise durch Tasmanien erinnere ich mich an Port Arthur mit seinem Gefängnis, aus dem man praktisch nicht fliehen konnte, an die Hauptstadt Hobart mit ihrem schicken Casino und an eine aufregende Fahrt in einem Schnellboot auf dem River Devon. Außerdem wohnten wir einer Schafschur auf einer ausgewählten Farm bei und wurden Zeugen einer fließbandähnlichen Behandlung der Tiere, die im Schnellverfahren ihrer Wolle entledigt wurden. Unsere Bustour führte uns durch eine herrliche Landschaft mit glasklaren Seen, vorbei an bunten Blumenwiesen – im Hintergrund Berge mit schneebedeckten Gipfeln. Hier endet meine Erinnerung. Bedingt durch die abgefahrene Zusammensetzung der Gruppe und die ansonsten dürftige Organisation blieben mir eher die Vorkommnisse in personeller Hinsicht im Gedächtnis als die besuchten Örtlichkeiten der Insel. Dieses Unterfangen war eines meiner wenigen negativen Erlebnisse in Australien, und doch möchte ich es nicht missen.

Nach der ersten Urlaubswoche hoffte ich, der noch vor mir liegende Ausflug ans Riff würde mich für den Tasmanien-Reinfall entschädigen. Erneut begab ich mich also ins Reisebüro, um einen Flug sowie eine passende Herberge zu buchen, die als Ausgangspunkt für eine Tour zum weltberühmten Great Barrier Reef dienen sollte. Von einem Aufenthalt in Surfers Paradise an der Gold Coast in der Nähe von Brisbane hatte man mir abgeraten, wegen des Massentourismus in besagter Region. Empfohlen wurden mir die Whitsunday Islands, eine aus 72 Inseln bestehende Inselgruppe. Also machte ich mich auf den Weg zu einem Ziel, von dem ich vorher noch nie etwas gehört hatte.

Die Whitsundays liegen in den Tropen. Dort herrscht im Februar Regenzeit, weshalb es bei meiner Ankunft sehr warm und unheimlich feucht war. Bei strömendem Regen erreichte ich, ermattet ob der erdrückenden, für mich ungewohnten, exorbitanten Luftfeuchtigkeit, meine Zieladresse: Hibiscus Lodge. Der Rezeptionist empfing mich überaus freundlich und geleitete mich zu einem Vier-Personen-Bungalow in einer parkähnlichen Anlage. Deren Bezeichnung entsprach absolut den Gegebenheiten: Die einzelnen Häuschen waren üppig umrankt von Hibiskus in allen Farben – traumhaft. Mein erster Eindruck war äußerst positiv, bei dieser Buchung schien ich wohl ein glückliches Händchen gehabt zu haben.

Eine Front meines Feriendomizils war komplett verglast und bot eine herrliche Aussicht in den wunderschönen, großzügig angelegten Garten. Nach kurzer Einweisung durch den Empfangschef richtete ich mich ein und besah mein Heim näher, das mir ganz ordentlich anmutete – bis auf eine etwas versiffte Dusche. Dafür waren Wohn- und Schlafzimmer wirklich geräumig und gemütlich eingerichtet.

Meine Reisetasche war schnell ausgepackt und ich schickte mich an, erst einmal den nächsten Supermarkt anzusteuern, um mich mit den nötigsten Lebensmitteln zu versorgen. Danach wollte ich mich der Entspannung widmen und gebührend chillen. Nach der Rückkehr von meiner Verpflegungsrunde verstaute ich alles in der Küchenzeile, ließ mich zufrieden nieder auf dem weichen Sofa im Wohnbereich und richtete meine Aufmerksamkeit auf einen großen Fernsehapparat gegenüber. Dieser befand sich auf einem breiten Fuß, quasi auf Augenhöhe mit dem Betrachter. Doch was war das? Ich traute meinen Augen kaum, der Fuß schien sich zu bewegen. Gleich inspizierte ich das Geschehen genauer, um den Verdacht einer Halluzination auszuschließen, und stellte entsetzt fest, dass ich mich mit einer Schar riesiger Kakerlaken konfrontiert sah. Herzlichen Dank!

Meine schwarzen Mitbewohner krabbelten gemächlich auf dem Fernsehständer herum. Aus mir unerfindlichen Gründen beschränkten sie sich glücklicherweise auf dieses Terrain und bevölkerten nicht das ganze Zimmer. Meine Begeisterung über dieses außergewöhnliche Empfangskomitee hielt sich sehr in Grenzen und ein anfänglicher Schock beim Anblick der Ungezieferkolonie hatte sich zügig verflüchtigt. Die Begegnung mit den tasmanischen Spinnen, die aus meiner Sicht durch nichts zu überbieten war, hatte mich offensichtlich abgehärtet.

Die Schrecksekunden waren vorüber und ich überlegte, was ich unternehmen könnte im Kampf gegen die unerwünschten Eindringlinge. Umgehend beendete ich meine nur äußerst kurze Ruhepause und beschloss einen weiteren Besuch im Supermarkt.

Es schüttete noch immer wie aus Kübeln. Auf dem Weg zum Supermarkt wurde ich mit einer für mich weiteren Eigentümlichkeit dieses Ortes konfrontiert: Zum ersten Mal in meinem Leben sah ich Menschen, die lediglich mit Badeklamotten und -latschen bekleidet waren, mit dem Bus fahren. Im Gegensatz zu mir waren sie alle ohne Regenschirm unterwegs. Wo war ich da bloß gelandet?!

Im Supermarkt erstand ich schließlich, was ich für den Moment benötigte – insbesondere eine riesige Sprühflasche Ungeziefervertilgungsmittel. Mit ihr wollte ich meine neuen Freunde »behandeln«. Dem Verkäufer hatte ich versucht zu erklären, was Sache war – er wusste sofort Bescheid. Offenbar war ich kein Einzelfall. In meiner Behausung angekommen, schüttelte ich, wie vorgeschrieben, kräftig die Flasche der Wahl und sprühte den daraus entweichenden Schaum unter Einhaltung eines ordentlichen Sicherheitsabstands in solchen Mengen auf die Viecher, bis sie vollends weiß bedeckt und nicht mehr sichtbar waren. Diese »Therapie« wiederholte ich später noch einmal – mit durchschlagendem Erfolg. Nachdem ich mich extrem vorsichtig versichert hatte, dass sich unter der Schaumdecke nichts mehr regte, beseitigte ich die leblose Masse wagemutig mit einer Kehrschaufel und ruhte mich zufrieden aus.

Ein ereignisreicher Tag ging allmählich zu Ende und ich fiel in einen erholsamen Schlaf. Gleich am nächsten Tag wollte ich mich um die angestrebte Exkursion zum Riff kümmern.

Um es kurz zu machen: Mein Traum vom Great Barrier Reef als Höhepunkt meiner Australienreise schien zu platzen. Der

Regen hörte und hörte nicht auf. Außer mir warteten viele frustrierte Touristen auf Wetterbesserung. Zum Regen gesellte sich starker Sturm, sodass die Boote, die uns hätten zum Riff schippern sollen, nicht auslaufen konnten. Überall waren die Ausflugsangebote auf den Anzeigetafeln, die an fast jeder Straßenecke aufgestellt waren, durchgestrichen. Eine Wetterberuhigung war nicht in Sicht, die Auswahl an Alternativangeboten demzufolge recht übersichtlich.

Am dritten oder vierten Tag meines Aufenthalts nahm ich mit ungefähr 20 Passagieren bei etwas abgeschwächtem Wind an einem Segeltörn teil, der zumindest die Gelegenheit zum Schnorcheln bot. Wenigstens das. Auf dem Schiff, dessen Kapitän ein geschäftstüchtiger Deutscher war, der sich wenig scherte um die ziemlich widrigen Witterungsverhältnisse, lernte ich ein paar junge Leute kennen, mit denen ich mich dann wiederholt zum Essen verabredete. Irgendwie musste die Zeit ja vertrieben werden.

Angesichts der trostlosen Wetterlage marschierte ich in entsprechend gedämpfter Stimmung in ein ortsansässiges Reisebüro, um meinen Rückflug nach Sydney vorzuverlegen, wo ich meine verbliebenen Urlaubstage abwechslungsreicher und aufregender hätte gestalten können. Doch von meiner Umbuchungsabsicht wurde mir entschieden abgeraten. Man versicherte mir hoch und heilig, das Wetter würde am nächsten Tag definitiv besser werden. Auch sei noch ein letzter Platz frei in einem Wasserflugzeug, welches, sofern der vielversprechende Wetterbericht denn wirklich zutraf, gegen sechs Uhr morgens in Richtung Riff starten würde. So ließ ich mich zum Bleiben überreden und für den Flug vormerken.

Und tatsächlich: Mit 13 Mitpassagieren an Bord hoben wir am nächsten Morgen ab und schwebten vorbei an einem sagenhaften Sonnenaufgang zum Ziel meiner Träume. Hinter mir hatte ein junges Ehepaar aus England Platz genommen, das an diesem Tag eigentlich in seine Heimat zurückreisen sollte. Die beiden Herrschaften wollten aber, so wie ich, alles unternommen haben, um zum Riff zu gelangen. Nach Großbritannien konnte man jederzeit aufbrechen, zum Paradies der Korallen vielleicht nur einmal im Leben.

Wir wurden nicht enttäuscht. Im Wasser gelandet, was allein schon spektakulär war, stiegen wir um in ein Glass Bottom Boat, das uns erste Einblicke in eine wunderbare Unterwasserwelt gewährte. Unser Guide informierte uns auf dem kurzen Weg zum Riff über einige Verhaltensregeln, die es unbedingt zu beachten galt. So mussten wir auf jeden Fall alle unsere Reef Walker anziehen, eine Art robuster Badeschuhe, um uns nicht an der scharfkantigen Oberfläche des Riffs zu verletzen. Auch sollten wir uns nicht zu weit von der Gruppe entfernen und immer in Hörweite bleiben.

Sichtlich aufgeregt und in freudiger Anspannung entstiegen wir – bei strahlendem Sonnenschein – dem Boot und setzten unsere Füße auf das ca. 1.500 Kilometer lange Great Barrier Reef. Dort griff unser Guide geschickt und behände ins angenehm warme Wasser des Pazifiks und hielt kurz darauf einen kleinen Fisch mit markanter Zeichnung in die Luft: einen Babyhai mit dekorativen Sprenkeln. Bereits diese unerwartete »Begrüßungsszene« ging mir unter die Haut. Anschließend rüsteten wir uns mit Taucherbrillen und Schnorcheln aus und legten uns ruhig ins Wasser. Was ich dann zu sehen bekam, übertraf alle meine Erwartungen: Fische in unbeschreiblichen Farben und mit ebensolchen Mustern schwebten – allein oder in Schwärmen – durchs Meer, vorbei an fantastischen Korallenstämmen mit ihren filigranen Fächerstrukturen.

Das Riff fällt steil ab in den Ozean, was mich ebenfalls schwer beeindruckte. Den Anblick dieser traumhaften Unterwasserwelt in ihrer unfassbaren Vielfalt habe ich nicht vergessen. Die Farben und ihre teils exotisch anmutenden Kombinationen, die ich an diesem Tag wahrgenommen hatte, habe ich in diesem Ausmaß und in ihrer ganzen Pracht niemals zuvor und auch nicht mehr danach gesehen, nicht einmal ansatzweise. Vom Erwerb eines der zahlreichen Bildbände, in denen einige der Fische abgebildet waren, zur Erinnerung an die grandiosen Eindrücke dieses Tages, habe ich Abstand genommen, weil die reproduzierten Farben nicht annähernd der Wirklichkeit entsprachen.

Diese ca. eineinhalb Stunden Schnorcheln waren einfach nur gigantisch. Das Warten hatte sich mehr als gelohnt, mein Traum war in Erfüllung gegangen.

Die Flut kam rasch zurück, im Nu standen wir bis zum Bauch im Wasser und hatten wegen des schnell stärker werdenden Sogs Mühe, ins Boot zu klettern, welches uns zum Flugzeug, das im Wasser parkte, zurückbringen sollte. Einer Mitreisenden, die sich relativ weit von der Gruppe entfernt hatte, wäre der Gezeitenwechsel beinahe zum Verhängnis geworden. Sie geriet in Panik, und nur dank der vereinten Kräfte des Guides und zweier starker Männer unserer »Crew« gelang es, auch sie sicher ins Boot zu verfrachten. Dort wurde es gleich ganz still. Die bombastischen Einblicke, die uns diese farbenprächtige Wunderwelt gewährt hatte, machten uns schlicht sprachlos. Der Rückflug verlief reibungslos, wenn auch, kurz vor der Landung, bereits wieder im Regen. Wir hatten tatsächlich ein eng begrenztes Zeitfenster erwischt und selbiges bestmöglich genutzt. So viel Glück muss man erst einmal haben.

Bereits die Fahrt entlang der Great Ocean Road mit den Zwölf Aposteln hatte mich total begeistert, wie auch die Three Sisters (Gossips) in den Blue Mountains, das viktorianische Melbourne, die im Schachbrettmuster angelegte Hauptstadt Canberra, die Adelaide vorgelagerte Halbinsel Phillip Island mit ihren Pinguin-Kolonien, die Koalas, Kängurus, Emus, Wallabys und das einzigartige Schnabeltier – doch das Great

Barrier Reef hatte alles übertroffen. Darüber, dass dieses faszinierende Wunderwerk der Natur durch diverse negative Umwelteinflüsse in den vergangenen Jahren großen Schaden genommen hat und immer noch nimmt, darf und will ich nicht nachdenken.

Zurück in die Zukunft

Es war so weit: Dreieinhalb Monate Wahlstation in Sydney gingen in Riesenschritten ihrem Ende entgegen. Wo war nur die Zeit geblieben? Schon vor Antritt der Heimreise war klar, dass ich den Hafen, die Fähren, die Harbour Bridge und in erster Linie das imposante Opernhaus vermissen würde. Wie oft war ich auf dem Vorplatz dieses extravaganten Gebäudes »eingekehrt«, um ganz entspannt dem Treiben auf dem Wasser zuzusehen? Was gab es unmittelbar vor der spektakulären Kulisse des weltberühmten »Musiktempels« nicht alles an schwimmenden Gefährten zu entdecken: Diverse Fähren zogen auf den für sie vorgesehenen Linien buchstäblich ihre Bahnen. Dann waren Yachten verschiedenster Klassen zu bewundern, Katamarane, Schnellboote, Segelschiffe, Frachter und Ozeanriesen, die zum Teil, je nach Größe, ins offene Meer hinausgeschleppt wurden. Zu bestimmten Anlässen – z. B. um die Jahreswende – wurden bunte Paraden auf und im Wasser veranstaltet, die fantastisch anzuschauen waren. Zwischendrin konnte man auch Ruderboote und vereinzelt mutige Schwimmer ausmachen. All das zu verfolgen war grandios.

Einmal hatte ich sogar die Gelegenheit, mit Hausvater Chris ein Ballett in der Oper zu besuchen. Davon ist mir, um ehrlich zu sein, nur noch die Pause im Gedächtnis, in der ich durch dieses außergewöhnliche Bauwerk schlenderte und durch die schrägen, braun gefärbten Fenster auf den Hafen mit all seiner pompösen Beleuchtung spähte. Dieses Panorama bei Nacht zählt zu meiner Sammlung der unvergesslichen Eindrücke.

Die Tatsache, dass die Fähren in Sydney Teil des öffentlichen Nahverkehrs sind, hatte mich von Anfang an begeistert. Die Tour vom Kai bis zur Anlegestelle in Balmain dauerte ca. 20 Minuten und führte unter der Harbour Bridge hindurch. Auch dieser »Akt« war stets ein Spektakel der besonderen Art für mich, das ich jedes Mal genoss. Bald sollten auch diese Kurztrips Vergangenheit sein.

Liebgewonnen hatte ich, das soll nicht unerwähnt bleiben, das allabendliche Abwasch-Ritual zusammen mit Eva und Chris. Nach dem Abendessen räumten wir die Küche auf und besprachen dabei alles, was sich tagsüber bei einem jeden von uns so ereignet hatte. Dabei konnten wir aus dem großen Fenster schauen und die Flugzeuge beobachten, die in der Einflugschneise zur Landung auf Sydneys Flughafen ansetzten. Auch Maschinen von »Garuda«, der Airline meiner Wahl, waren darunter. Als ich Eva einmal auf eine »Garuda«-Maschine aufmerksam machte und erzählte, mich für meine Reise genau für eine solche entschieden zu haben, war Eva kurz fassungslos. Sie wollte nicht glauben, dass ich das ernst meinte, denn sie schilderte mir in der ihr eigenen Art recht überzeugend, dass die indonesische Airline die meisten Abstürze zu verbuchen hätte und den schlechtesten Service böte. Diese Tatsachenberichte hatten mich nun wirklich zutiefst aufgebaut ...

Und dann war schließlich der Tag des Abschiednehmens angebrochen. Das war eine tränenreiche Angelegenheit. Wie mir zumute war, wusste ich nicht so recht: Einerseits wollte ich ganz gern wieder zurück (ich hatte im Übrigen nicht eine Sekunde Heimweh verspürt, nicht einmal an Weihnachten), andererseits hatte ich unsere Wohngemeinschaft, die Kollegen und Kolleginnen in der Kammer und das lässige Freizeitdasein in jeglicher Form richtig zu schätzen gelernt. Hinzu kam, dass ich keine Ahnung davon hatte, was mich zu Hause erwarten würde. Sowohl der Ausgang des schriftlichen Examens wie auch die Zeit danach waren völlig ungewiss. Nun denn: Die Dinge nahmen ihren Lauf. Zum Abschied erhielt ich von Eva, ihren Schwestern und Chris einen hellblauen Baumwollpulli, auf den in gelber Farbe auf der Vorderseite diagonal das Wort

»Australia« aufgebracht war. Ihn zog ich sofort über, für meinen anstehenden Rückflug.

Die Ankunft in Frankfurt am Main wich, man höre und staune, trotz »Garuda« nur um wenige Minuten von der regulär geplanten Zeit ab. Gegen sieben Uhr morgens war ich wieder in Deutschland und hatte heimischen Boden unter den Füßen. Aufgebrochen im australischen Spätsommer, erreichte ich am 14. Februar 1985, am Valentinstag, die heimatlichen Gefilde. Und zwar im tiefsten Winter bei zweistelligen Minusgraden. Kalt erwischt!

Ohne lang zu trödeln, bemühte ich mich sofort um ein Ticket für meinen Anschlussflug nach München-Riem. Überraschend schnell erhielt ich einen Platz in der Maschine, die planmäßig um 8:15 Uhr abheben sollte. Doch der Start verzögerte sich, zumal das Flugzeug wiederholt zu enteisen war. Endlich ging's los. Schon bald sollte ich meine Eltern nach der bis dahin längsten Trennungsphase wiedersehen, darauf freute ich mich von Herzen. Wir hatten uns einige Male geschrieben und ab und zu telefoniert, zur damaligen Zeit eine kostspielige Angelegenheit. Die Eltern sollten nach der Begrüßung mit meinem Gepäck in mein Quartier in Daglfing fahren, ich wollte mich gleich ins Prüfungsamt begeben, denn der Tag meiner Rückkehr war just der Tag, an dem wir Referendare uns die Examensergebnisse abholen konnten. Spannung lag spürbar in jeder Hinsicht in der Luft.

Als wir – nach einer gefühlten Ewigkeit – zu guter Letzt die Starterlaubnis in Frankfurt erhielten, war ich seit ungefähr 30 Stunden auf Achse. Im Flieger – ich hatte einen Sitz am Gang – befanden sich zu dieser frühen Stunde vorwiegend Geschäftsleute: die Damen in feschen Kostümen, die Herren in schnieken Anzügen. Und wie sich das für (vermeintliche) Manager gehört, informierte sich mein unmittelbarer Sitznachbar über die aktuellen Nachrichten standesgemäß aus der »Times«, die er gleich nach dem Start aufgefaltet hatte.

Wir hatten unsere Flughöhe gerade erst erreicht, als sich die Stewardess freundlich nach den Getränkewünschen ihrer Passagiere erkundigte. Auf diesen Moment hatte ich mich schon im Vorfeld mental vorbereitet. Zwar hatte ich Garuda Airlines als sicheres, absturzfreies Unternehmen kennengelernt, trotzdem erschien mir das Angebot an Getränken doch sehr übersichtlich: Orangensaft und Tee hatte ich nun wirklich ausgiebig genossen. Und obwohl ich von den Strapazen einer langen Reise übermüdet und erschöpft war, machten sich zunehmend Aufregung und Anspannung breit – ob der bahnbrechenden Dinge, mit denen ich mich in wenigen Stunden konfrontiert sehen würde. Alles in allem war ich ziemlich aufgewühlt. Um diesen Zustand ein wenig abzufedern und zu dämpfen und mein vegetatives Nervensystem, zumindest ansatzweise, wieder in den Griff zu kriegen, bedurfte es einer »homöopathischen« Lösung, die auch an Bord verfügbar war. Als mich die nette Flugbegleiterin fragte, was ich gern zu trinken hätte, orderte ich entschlossen und ohne zu zögern ein Bier. An die Reaktion der Servicedame erinnere ich mich nicht mehr, wohl aber an ein unüberhörbares Rascheln von Papier. Dem Herrn neben mir war seine Zeitung aus der Hand gerutscht, als er von meiner Bestellung Kenntnis nahm. Erst jetzt musterte er die Person, die neben ihm Platz genommen hatte, genauer. Aus heutiger Sicht erscheint mir sein offensichtliches Befremden über eine junge, müde Frau in hellblauem Pullover mit dem knallgelben »Australia«-Schriftzug über der Brust, die sich in aller Früh mit einem Bier versorgt wissen wollte, höchst nachvollziehbar. Jedenfalls musste ich innerlich schmunzeln ob dieser Szene. Es dauerte nicht lang und mein Wunsch wurde Wirklichkeit. Genussvoll konsumierte ich den kühlen, wohlschmeckenden Gerstensaft, der mir kredenzt wurde. Der tat echt gut und lenkte mich etwas ab von meinen tausend Gedanken.

Danach ging alles recht schnell. Wir landeten wohlbehalten in München-Riem und meine Eltern schlossen mich in ihre Arme. Meine Mutter hatte fürsorglicherweise an meinen Wintermantel gedacht, für den ich bei der Eiseskälte ausgesprochen dankbar war. Als Vater mir, ein Kavalier der alten Schule, in den Mantel half, merkte er an: »Na, du hast aber ganz schön zugelegt.« Noch machte mir diese »charmante« Feststellung nichts aus. Wir hatten uns lange nicht gesehen; da kann, so meine Idee, locker die eine oder andere Erinnerung ein wenig verblassen.

Wie geplant setzten sich die Eltern in Richtung Daglfing in Bewegung, während ich mir ein Taxi leistete, um ins Prüfungsamt zu fahren. Meine Nervosität steigerte sich kontinuierlich, je näher ich dem Ziel kam. Es nützte ja nichts, ich musste mich der Wahrheit stellen.

Auf dem Flur des Amtes herrschte ein reges Gewusel. Und als ich endlich herausgefunden hatte, in welchem Zimmer ich vorstellig werden musste, um zu erfahren, ob – und wenn ja, wie – ich das Examen bestanden hatte, wurde mir so richtig mulmig. Unter Aufbietung meiner letzten verbliebenen Kräfte und mit weichen Knien betrat ich mutig den für mich zutreffenden Raum und nannte dem zuständigen Beamten meinen Namen. Mein Gegenüber griff daraufhin zu einer Liste und einer Schere, schnitt aus einer alphabetisch sortierten Tabelle einen langen Streifen aus, faltete das schmale Papier zusammen und drückte es mir in die Hand. Das war's. Ich konnte gehen. So nüchtern lief die Bekanntgabe unserer Prüfungsergebnisse ab.

Nach Verlassen des Raumes suchte ich erst einmal meine Fassung und dann ein ruhiges Plätzchen. Als ich ein solches erhascht hatte, klappte ich, ein wenig zittrig, den Papierstreifen auseinander, um die Bescherung in Form der dort eingetragenen Daten zu studieren. In der ersten Spalte las ich meinen

Namen, dem sich, horizontal angeordnet, die Punktzahlen anschlossen, die ich in jeder einzelnen der zwölf Klausuren jeweils erzielt hatte. In der letzten Spalte fand sich der alles entscheidende Durchschnittswert. Ungläubig nahm ich wahr, dass ich das Assessor-Examen mit einem dermaßen sicheren Polster absolviert hatte, dass mir in dem jetzt noch ausstehenden mündlichen Prüfungstermin nichts mehr passieren konnte. Was war das für eine Belohnung für eine arbeits- und zeitintensive Ausbildung! Mein Einsatz hatte sich gelohnt, die Zukunft konnte beginnen. Die Anspannung verlor sich in Gänze erst in den folgenden Tagen.

In dieser Stimmung ließ ich mich in einem Taxi nach Daglfing kutschieren – das war ich mir angesichts der Lage nun wirklich wert. Kaum konnte ich es erwarten, meinen Eltern die frohe Botschaft meines erfolgreichen Abschneidens zu überbringen. In der Lublinitzer Straße 6 klingelte ich an der Haustür. Meine Vermieterin öffnete und begrüßte mich herzlich. Während wir uns noch an den Händen fassten, schaute sie mich mit kritischem Blick an und meinte: »Aber im Gesicht sind Sie voller geworden.«

Auch zu diesem Zeitpunkt berührte mich diese Bemerkung nicht besonders, denn, wie erwähnt, erklärte ich mir diese spontane Wahrnehmung mit der monatelangen Unterbrechung jeglichen Sichtkontaktes. Außerdem war ich mir ziemlich sicher, abgenommen zu haben, vor allem durch das viele Schwitzen unter australischer Sonne. Eine Gewichtszunahme hätte ich doch bestimmt an den Klamotten bemerkt. Allerdings waren diese, zugegebenermaßen, bequem und materialtechnisch alle dehnbar gewesen.

In meiner Unterkunft traf ich, wie verabredet, meine Eltern. Jetzt galt es, noch ca. 90 Kilometer als finale Etappe zurückzulegen – nach Truchtlaching, in mein Heimatdorf. Dort wurden wir von meiner Schwester Inge empfangen, die mich gleich genau in Augenschein nahm. In der für sie typischen direkten Art der Kommunikation bemerkte sie mit einem amüsierten Unterton in der Stimme: »Aha. Ham'ma a gloans Bäucherl midbrochd?« Inges Kommentar verunsicherte mich letztlich doch. Nach ersten Widerlegungsversuchen bezüglich meiner körperlichen Expansion wollte ich allen den Beweis ihrer abwegigen Thesen liefern und wagte mich auf die Waage, ein Gerät, das ich während meines Aufenthalts in Sydney nicht bemüht hatte. Auch sie schien die Trennung nicht verkraftet zu haben. Sie zeigte sage und schreibe sechs Kilo mehr an als vor meiner Abreise. Mehrmalige Kontrollmessungen änderten nichts am Ergebnis.

Diesen »Schlag« musste ich erst einmal verdauen, was in Anbetracht der Wiedersehensfreude schnell gelang. Und überhaupt: Dieser paar Kilos konnte ich mich ohne Weiteres entledigen; nicht hingegen, dafür bin ich sehr dankbar, der wunderschönen Erinnerungen, die ich vom anderen Ende der Welt mitgebracht hatte – inklusive der Biertrinkkultur am Feierabend.

Schlussakkord

Im Juni 2016 ist meine liebe ehemalige Kollegin Ruth für eine zweimonatige Auszeit nach Australien geflogen. Sie wollte insbesondere ihre Englischkenntnisse aufpolieren.

Als ich einige Wochen nach ihrer Abreise unseren PC hochgefahren und meine Mailbox geöffnet hatte, fand ich im Posteingang – völlig unerwartet – einige Zeilen von Ruth aus Down Under. Schon darüber hatte ich mich aufrichtig gefreut. Als ich schließlich die beiden mitgeschickten, gestochen scharfen Fotos von Opernhaus und Harbour Bridge betrachtete, stellte ich intuitiv fest, dass diese außerordentlichen Orte für mich nichts an Faszination eingebüßt haben. Ruth überreichte mir nach ihrer sicheren Rückkehr sogar noch einen kleinen Kalender mit zwölf Motiven der erwähnten magischen Orte in unterschiedlicher Farbgebung. Dieses persönliche Mitbringsel ist um die Welt gereist und versetzt mich in die komfortable Situation, meine abgespeicherte Vorstellung jederzeit anhand des aktuellen Bildmaterials überprüfen zu können.

Ob es mich erneut nach Australien zieht? Nein. Es ist schön für mich, dort gewesen zu sein und mir all die hier niedergelegten Erinnerungen bewahrt zu haben.